LE SALON VERT

MARIE-BÉATRICE BAUDET
ET DAVID GAILLARDON

LE SALON VERT

À l'Élysée, au cœur du pouvoir

BERNARD GRASSET
PARIS

pp. 140-141 : plan de l'Élysée adapté d'après l'ouvrage de François d'Orcival, *Le Roman de l'Élysée*, éditions du Rocher, 2007.

Photo de la bande : © Marc Chaumeil / Divergence

ISBN 978-2-246-83158-7

« Pour qui est bien au fait de la carte d'une Cour, le spectacle d'événements rares est d'une satisfaction extrême. Chaque visage vous rappelle les soins, les intrigues, les sueurs employées à l'avancement des fortunes, les adresses à se maintenir et à en écarter d'autres. »

SAINT-SIMON

AVANT-PROPOS

Le dimanche 2 décembre 2018, après une nuit de fureur et de feu, la France se réveille avec la gueule de bois. Le troisième week-end de mobilisation nationale des Gilets jaunes a viré à l'émeute. Au Puy-en-Velay, petite ville tranquille de la Haute-Loire, la préfecture a été incendiée et des dizaines de personnes blessées. Ce climat d'insurrection a aussi enflammé Paris. Après s'être attaqués au Palais Brongniart, place de la Bourse, les manifestants ont arraché une grille du jardin des Tuileries puis se sont regroupés sur les Champs-Élysées. Au petit matin, les images de voitures brûlées et de magasins pillés dans le quartier de l'Étoile tournent en boucle sur les chaînes d'information. Surtout, et plus que tout, l'Arc de triomphe a été profané et la tombe du Soldat inconnu dégradée. La souillure du monument érigé à la gloire de la Patrie résonne comme un terrible affront.

Durant les semaines précédentes, les Gilets jaunes mobilisés contre la hausse du prix des carburants ont occupé les ronds-points situés à la périphérie des villes, voulant alerter sur leurs fins de mois intenables. N'ayant pas été entendus, ils décident, mi-novembre, de prendre d'assaut la capitale avec une seule idée en tête : marcher sur l'Élysée. Chef de file de La France insoumise, Jean-Luc Mélenchon se félicite alors de « cette révolution citoyenne » qui « fait trembler la Macronie et le monde du fric ».

Ce samedi 1er décembre, tout comme lors des deux précédents, les Gilets jaunes échouent à s'emparer de la présidence mais il s'en est fallu de peu. Les graffitis inscrits sur l'Arc de triomphe rappellent sans équivoque leur cible numéro 1 : Emmanuel Macron, dont ils font rimer le patronyme avec prison, pendaison, et destitution. Dix-huit mois après son élection surprise, le jeune président de 40 ans affronte des troubles inédits qui fragilisent son quinquennat près de basculer. Il lui faut réagir.

Le 19 mai 1968, le général de Gaulle, pressé de rétablir l'autorité de l'État, avait lancé le fameux

« la réforme, oui, la chienlit, non ! ». Au lendemain des événements du 1er décembre, Emmanuel Macron préfère, lui, garder le silence. À peine descendu de l'avion qui le ramène d'Argentine où s'est achevé le treizième sommet du G20, il se rend place de l'Étoile et descend les Champs-Élysées, profondément choqué par la folie destructrice des insurgés. Puis il gagne le palais, rue du Faubourg Saint-Honoré. C'est là qu'il décide de mettre en scène le retour du pouvoir républicain. Pour bien montrer qu'il l'incarne personnellement, Emmanuel Macron ne choisit pas n'importe quel endroit pour tenir en urgence sa réunion de crise : il opte pour le Salon vert.

Située au premier étage, cette pièce méconnue du grand public est contiguë au bureau du chef de l'État, installé dans le Salon doré, et en est devenue l'extension naturelle. Nous sommes là dans le saint des saints de l'Élysée. Le Salon vert, c'est le pré carré du président, ses conseillers le savent parfaitement. Seuls s'y tiennent des comités restreints, qui sont par nature stratégiques. Impossible de rêver d'un meilleur endroit pour dévoiler aux Français les images d'un dirigeant déterminé à stopper le chaos et à rétablir l'ordre. C'est ce que pense en tout cas le service de presse de l'Élysée.

Une poignée de journalistes sont autorisés à entrer dans le cénacle cinq minutes avant le début de la rencontre. L'un d'entre eux, le reporter Alain Guilhot de l'agence Divergence images, se souvient particulièrement du silence de mort qui règne alors dans la pièce. Les officiers de sécurité lui accordent trente secondes, pas une de plus, pour mitrailler le lieu. La photo qu'il prend à 12 h 46, ce dimanche 2 décembre 2018, plante le décor.

Huit « men in black » sont assis autour d'une longue table rectangulaire recouverte d'une feutrine verte. Leurs costumes-cravates aussi sombres que leurs regards tranchent avec le vert tilleul des ornements du salon. La couleur gracieuse si chère à l'impératrice Eugénie cadre mal avec le tableau viril qui est donné à voir. Dos à la cheminée, Emmanuel Macron préside la séance avec, à sa droite, deux fidèles : son directeur de cabinet Patrick Strzoda et le secrétaire général de l'Élysée Alexis Kohler, si proche du chef de l'État que la presse le surnomme « le président bis ». En face d'eux, le Premier ministre Édouard Philippe accompagné de son directeur de cabinet Benoît

Ribadeau-Dumas ; le ministre de l'Intérieur Christophe Castaner et son secrétaire d'État Laurent Nuñez ; et enfin le ministre de la Transition écologique et solidaire François de Rugy.

Le soir même, la séance fait l'ouverture du journal de TF1 et vise à rassurer la France en train de dîner. Le pari des communicants est-il gagné pour autant ? Pas tout à fait. La colère sociale va se poursuivre jusqu'au printemps suivant mais les prémices d'une reprise en main sont affichées.

Un neuvième homme aurait dû être présent sur la photo du 2 décembre : le préfet de police de Paris, Michel Delpuech, mais il n'a pas été averti de la réunion organisée par Alexis Kohler. Ainsi l'a souhaité Emmanuel Macron, exaspéré par le fiasco du maintien de l'ordre dans la capitale. Le haut fonctionnaire, surnommé « Sherlock Holmes » par ses pairs amusés de son obstination à porter la cape de l'uniforme préfectoral qui lui donne une allure « monde d'avant », sera démis de ses fonctions le 20 mars 2019. Quatre jours plus tôt, les Gilets jaunes signaient l'acte 18 de leur mobilisation en saccageant de nouveau les Champs-Élysées et sa brasserie emblématique, le Fouquet's, où Nicolas Sarkozy avait invité famille et amis le soir de son élection, en 2007. Une fois de plus, les émeutiers avaient voulu exprimer leur colère vis-à-vis des élites, cette France d'en haut qu'ils détestent tant.

Outre l'éviction pressentie de Michel Delpuech, le Salon vert est le théâtre d'une autre rupture annoncée, comme le pointe la photo d'Alain Guilhot, visiblement conscient de ce qui se jouait déjà entre le Premier ministre et le président de la République : « Je regrette aujourd'hui de ne pas avoir zoomé sur le visage d'Édouard Philippe. Il fixe avec une incroyable dureté Emmanuel Macron assis juste en face de lui. » Il le toise, en effet, mais pas seulement. Son buste penché en avant et ses poings serrés font penser à un boxeur prêt à monter sur le ring. La posture pourrait étonner, mais il faut se souvenir que le Premier ministre pratique la boxe avec passion depuis 2014.

Cela fait plusieurs mois que les journalistes politiques commentent le malaise grandissant entre les deux têtes de l'exécutif. La limitation de vitesse à 80 km/h sur les routes secondaires et la hausse de la fiscalité écologique ont mis au jour leurs divergences. Le duo divorce le 3 juillet 2020, jour où Édouard Philippe présente la démission de son gouvernement. Et depuis, en dépit des ronds de jambe officiels, les piques se multiplient. Emmanuel Macron soutiendra-t-il Édouard Philippe si l'actuel maire du Havre se présente à l'élection présidentielle de 2027 ? C'est loin d'être acquis, Paris bruisse aujourd'hui d'une autre préférence : le jeune Gabriel Attal, 35 ans, nommé à Matignon le 9 janvier 2024 et dont les ambitions politiques ne sont un secret pour personne.

Depuis des décennies, de septennats en quinquennats, l'Histoire s'écrit jour après jour dans le Salon vert, magnifique poste d'observation du pouvoir. Les familiers de l'Élysée – actuels ou anciens – en conviennent, à l'instar de Camille Pascal, l'une des plumes de Nicolas Sarkozy. Interrogé le 16 décembre 2023 par la journaliste de France Culture Astrid de Villaines sur l'endroit qu'il préférait au palais, l'historien répond sans hésiter « le Salon vert ». « C'est là où l'on rencontre le président, c'est là qu'on parle le plus librement avec lui. »

Ce sentiment est largement partagé par l'ancien ministre de l'Économie Arnaud Montebourg. Avec la verve qu'on lui connaît, l'avocat, farouche défenseur du « made in France », en dit davantage : « Le Salon vert, c'est le lieu de tous les complots, de tous les arbitrages, c'est là où ça se passe et cette pièce de l'Élysée en a tant vu… » qu'elle méritait bien un livre. Le voici.

Aux origines

L'Élysée n'a pas toujours été l'écrin de la République. Conçu au départ pour être une demeure d'agrément connue sous le nom d'hôtel d'Évreux dans le Paris du XVIIIe siècle, le palais a eu mille vies avant de devenir un lieu de pouvoir. Et c'est à partir de là seulement que le Salon vert va entrer en scène.

Tout commence il y a trois siècles, en 1720, avec l'achèvement d'un hôtel particulier destiné à Louis-Henri de La Tour d'Auvergne, comte d'Évreux. Ce favori du régent Philippe d'Orléans se fait bâtir une maison de ville dont les limites courent du Faubourg Saint-Honoré à la Seine, dans un quartier longtemps nommé le Grand-Cours mais que les Parisiens appellent déjà les Champs-Élysées.

Issu de la haute noblesse française mais désargenté, le comte d'Évreux fait appel à son richissime beau-père, Antoine Crozat, pour prendre en charge la construction de sa future résidence. Le financier est un homme peu recommandable. Crozat a fondé sa fortune sur la traite négrière et le commerce de contrebande. Propriétaire de la Louisiane, il est considéré à l'époque comme la première fortune de France. À Versailles, les courtisans le flattent et le cajolent.

Le comte d'Évreux choisit pour son projet un architecte en vogue : Armand-Claude Mollet, neveu d'André Le Nôtre, le jardinier du roi Louis XIV mais aussi celui de Charles II d'Angleterre.

Une fois la bâtisse achevée, l'aristocrate reçoit avec faste au rez-de-chaussée de son hôtel, se souciant peu d'en faire aménager l'étage. Quand il vient à Paris, il n'y reste que pour la journée. À sa mort, en 1753, ses héritiers revendent l'hôtel à la marquise de Pompadour. Depuis sa disgrâce, celle-ci cherche un refuge pour ses collections. La maison et son vaste parc la séduisent d'emblée, et les travaux qui restent à mener pour achever l'ensemble ne la rebutent pas. Les artisans les plus fameux sont convoqués pour embellir l'ancien hôtel d'Évreux où elle accueille Diderot et Voltaire. Mais frappée par la tuberculose, l'ancienne favorite de Louis XV ne peut mener à son terme la rénovation en cours. Par testament, elle lègue sa maison au roi, son ancien amant, qui choisit pourtant de s'en séparer. Le nouvel acquéreur est encore un financier : Nicolas Beaujon. Le bourgeois est connu pour donner des soirées tantôt somptueuses durant lesquelles il reçoit notamment son amie la grande portraitiste Élisabeth Vigée Le Brun, qui deviendra le peintre officiel de la reine Marie-Antoinette, et tantôt libertines, où il convie des filles de joie qu'il surnomme pudiquement ses « berceuses ». Épuisé de plaisirs, Nicolas Beaujon meurt en 1786, sans avoir achevé, lui non plus, les travaux de l'hôtel particulier auquel il manque toujours un escalier d'honneur pour accéder à l'étage.

Après avoir racheté l'édifice, Louis XVI le revend finalement à sa cousine Bathilde d'Orléans, duchesse de Bourbon et princesse de Condé. C'est à cette époque que la demeure prend le nom d'Élysée-Bourbon. Acquise à la philosophie des Lumières, la princesse observe avec enthousiasme les débuts de la Révolution. Mais emprisonnée sous la Terreur par décision du comité de Salut public, sa maison lui est confisquée. Finalement libérée, elle obtient du Directoire que l'Élysée lui soit restitué. Ruinée, elle doit cependant se résoudre à le louer à un couple de parvenus belges originaires de Courtrai : les Hovyn.

Habiles commerçants, les Hovyn transforment le palais en salle des fêtes géante où ces amuseurs parviennent à attirer les Parisiens lassés de la Révolution et bien décidés à se distraire. Sur le modèle du Vauxhall de Londres, un établissement de plaisirs situé au nord de la capitale britannique, le public peut y jouer au billard, suivre l'ascension de montgolfières, s'extasier devant des feux d'artifice, danser ou assister à un spectacle de marionnettes. Il se murmure néanmoins qu'à l'intérieur des murs, les chambres se louent parfois à l'heure. Un siècle et demi plus tard, le général de Gaulle s'en souviendra, tonnant contre ce « palais de la main gauche » !

Divisé en logements privés par les Hovyn, l'Élysée-Bourbon accueille en 1799 les parents du jeune Alfred de Vigny, alors âgé de 2 ans. Ruinés par la chute de l'Ancien Régime, ceux-ci logent dans l'un des appartements du premier étage, côté jardin, là où se trouve aujourd'hui le Salon vert. Ils y resteront jusqu'en 1805. Dans une France qui ne finit pas de se chercher un régime politique stable, le comte de Vigny, un ancien officier, impose tous les jours à son fils de jurer fidélité au roi, lui enjoignant d'embrasser la croix de Saint-Louis.

En avril 1805, un militaire de renom prend possession de l'Élysée : Joachim Murat. Avec son épouse Caroline Bonaparte, sœur de l'Empereur, il résilie le bail des derniers locataires du premier étage, avant de procéder à de nombreux embellissements. Le maréchal d'Empire dote le palais du fameux escalier d'honneur qui porte aujourd'hui son nom. Le héros de la bataille des Pyramides se réserve l'usage du premier étage, laissant le rez-de-chaussée à son épouse. Trois ans plus tard, devenu roi de Naples et des Deux-Siciles, il quitte l'Élysée aussitôt récupéré par Napoléon à qui la résidence ne portera pas chance. En 1815, il y signe sa seconde abdication.

Sous la Restauration, le duc de Berry s'installe à son tour dans la demeure avec son épouse. Assassiné le 13 février 1820, il n'a pas le temps d'y faire de grands travaux. Peu soucieuse d'habiter une maison qui lui rappelle des événements tragiques, la duchesse de Berry décide d'emménager aux Tuileries. Entre 1820 et 1848, l'Élysée n'est habité que sporadiquement, servant de pied-à-terre aux hôtes de marque de passage en France.

Quand la monarchie de Juillet tombe en 1848, la IIe République lui succède. Avec l'élection du prince Louis-Napoléon Bonaparte à sa tête, le palais de l'Élysée devient officiellement résidence présidentielle et retrouve un certain lustre, même si le nouveau « locataire » ne dispose pas des moyens nécessaires pour moderniser la demeure. Il y donne cependant de grands dîners. Victor Hugo, avec qui il n'est pas encore brouillé, livre dans *Choses vues* ses impressions après un souper organisé à l'Élysée le 23 décembre 1848.

Hugo décrit un palais remeublé à la hâte et des huissiers qui ont conservé les manières en usage sous Louis-Philippe. Après avoir gravi l'escalier Murat, l'écrivain est guidé jusqu'à l'actuel Salon vert où Napoléon a fait dresser la table pour une quinzaine de convives. L'homme de lettres brosse le décor : « C'était une pièce carrée, lambrissée dans le goût Empire, à boiseries blanches. Aux murs, des gravures et des tableaux, du choix le plus misérable, entres autres la *Marie Stuart écoutant Rizzio* du peintre Ducis. Autour de la salle, un buffet. Au milieu, une table longue arrondie aux deux extrémités (...). »

Quand il entre dans la salle à manger, Hugo, très en retard, s'aperçoit que les invités sont déjà assis et que les maîtres d'hôtel ont commencé à servir. Le prince-président se lève à son arrivée et s'approche pour lui serrer la main. Bienveillance, flatterie ou sage prudence, Bonaparte lance alors au poète : « J'ai improvisé ce dîner (...), je n'ai que quelques amis chers ; j'ai espéré que vous voudriez bien être du nombre. Je vous remercie d'être venu. Vous êtes venu à moi comme je suis allé à vous, simplement. »

Hugo, qui deviendra l'un des plus virulents opposants au futur Napoléon III, poursuit le compte rendu du dîner. Sa prose est assassine. Les flatteurs qui donnent du « Prince » ou du « Monseigneur » à celui qui est d'abord le président de la République, la vaisselle en porcelaine blanche « commune », l'argenterie « bourgeoise, usée et grossière » et les plats « médiocres ». Le repas achevé, quand Victor Hugo se lève de table, la faim le tenaille encore. Il quitte l'Élysée à 22 heures, soulagé que le prince-président ne lui ait pas fait d'offres de service, pressentant déjà que Napoléon III perçait sous Bonaparte.

Le coup d'État du 2 décembre 1851 lui donne raison. Devenu, un an plus tard, empereur des Français, Napoléon III se lance dans une importante campagne de rénovation de l'Élysée. Le chantier conduit par l'architecte Joseph-Eugène Lacroix peut être considéré comme l'acte fondateur du Salon vert. C'est à cette campagne d'aménagement que la pièce doit sa décoration actuelle, et ce choix de la couleur vert tilleul dont il a tiré son nom. L'impératrice Eugénie souhaitait en faire sa salle à manger mais elle n'en aura pas l'occasion. Le couple impérial part bientôt s'installer au palais des Tuileries, ce qui permet aux souverains de créer une vie de Cour que le « petit » Élysée n'autorisait pas.

Le Second Empire chute en 1870 après la défaite de Sedan, et l'Élysée doit sans doute au fait que Napoléon III lui ait préféré les Tuileries de ne pas être incendié, et d'échapper ainsi aux destructions des communards. Avec la proclamation de la IIIe République, le lieu redevient la résidence du président de la République française. Adolphe Thiers y séjourne parfois, mais il faut attendre son successeur, le maréchal de Mac Mahon, pour qu'un président loge à temps plein dans l'ancien hôtel d'Évreux. Les présidents de la IIIe République toucheront peu au Salon vert : on y installe l'électricité en 1889, durant le mandat de Sadi Carnot, et le chauffage central sous Albert Lebrun élu en 1932.

Même si le drapeau nazi flotte sur l'Élysée dès le 14 juin 1940, le bâtiment n'est pas réquisitionné par les Allemands durant l'Occupation. La grande horloge qui orne le fronton du palais est mise à l'heure de Berlin, mais le Salon vert ne devient pas *der grüne Salon*.

À la Libération, alors que Gaston Palewski pousse le général de Gaulle dont il est l'aide de camp à s'installer dans le palais présidentiel, l'homme du 18 Juin y répugne. Sa raideur militaire s'accorde mal avec le passé de maison de plaisirs de l'Élysée. Il préfère rejoindre son ancien secrétariat d'État à la Guerre, rue Saint-Dominique. L'Élysée et son Salon vert restent inoccupés jusqu'à l'élection de Vincent Auriol qui en prend possession le 15 janvier 1947. Le chef de l'État n'aime guère cette demeure fantôme, et écrit dans son journal, *Mon septennat 1947-1954*, « tout est triste dans cette maison, même *La Marseillaise* ne l'anime pas ».

Ancien avocat et militant socialiste de toujours, il décide de transformer les salons situés à l'étage en un bel appartement susceptible d'accueillir les souverains étrangers en visite officielle à Paris. Compris dans le périmètre, le Salon vert – dont la décoration est restée celle du Second Empire – a dès lors pour vocation d'héberger les aides de camp des rois et des reines de passage. L'appartement accueillera la princesse Elizabeth d'Angleterre en 1948, et la reine Juliana des Pays-Bas, deux ans plus tard.

Contraint d'emménager à l'Élysée quand il est appelé aux affaires en 1958, le général de Gaulle y fait supprimer « l'appartement royal ». Il n'a aucune envie d'accueillir chez lui des monarques en visite, redoutant de les croiser en pyjama à son réveil. Qui plus est, le nombre de collaborateurs de la présidence s'étoffant, il faut dégager de l'espace pour qu'ils puissent travailler. Installé au premier étage dans le Salon doré, l'ancien militaire, exigeant d'avoir auprès de lui ses aides de camp, les loge dans le Salon vert attenant.

Le 12 novembre 1970, la pièce connaît une certaine effervescence après la messe solennelle donnée à Notre-Dame de Paris en l'honneur du Général, décédé trois jours plus tôt et enterré à Colombey-les-Deux-Églises. Quatre-vingts chefs d'État et souverains venus de la planète entière sont reçus à l'Élysée et, pour certains de ces puissants, c'est l'occasion d'avoir un tête-à-tête avec le président Georges Pompidou. Mais, comme le note Georges Poisson (1924-2022) dans *L'Élysée, histoire d'un palais*, rien n'a été prévu, il faut improviser : le Salon vert se transforme ce jour-là en salle des pas perdus, et l'on voit par exemple la Première ministre indienne Indira Gandhi attendant son tour aux côtés de Baudouin, roi des Belges, avant d'être reçue par le chef de l'État français. En devenant, sous la Ve République, l'antichambre du pouvoir, le Salon vert passe enfin des ténèbres à la lumière.

Mais que reste-t-il du lointain XVIIIe siècle dans ce salon d'étage ? Sans doute, au plafond, la rosace en stuc doré attribuée à Jean Cailleteau dit « Lassurance », l'architecte attitré de la marquise de Pompadour. Et puis les très beaux dessus-de-porte où figurent des trompettes de la renommée.

Ils sont attribués à Étienne-Louis Boullée, l'un des promoteurs du style néo-classique en France.

Ces trésors anciens sont préservés avec soin par l'architecte en chef des Monuments historiques, Michel Goutal. En août 2022, ce dernier a organisé une campagne de rénovation de la pièce, menée tambour battant, en vingt-trois jours ; « techniquement nous appelons cela un bichonnage », précise-t-il lors de notre entretien dans son agence parisienne.

Le couple présidentiel parti se reposer cet été-là au fort de Brégançon a laissé le palais désert. Durant trois semaines, plusieurs corps de métier – des peintres, des doreurs, des parquetiers – travaillent sans relâche, dimanche matin compris. Les lambris sont démontés et le plafond restauré.

L'installation délicate d'un nouveau parquet prend du temps. L'ancien, qui datait du Second Empire, est en points de Hongrie, également appelé parquet chevron ou parquet en arêtes de poisson. Grand classique du savoir-faire français, il décore aussi Versailles.

Ses grincements témoignaient que l'on avait, jadis, beaucoup valsé dans le Salon vert, mais ils avaient fini par agacer. Le parquet est remplacé.

C'est l'occasion d'adapter la pièce à l'ère du 2.0. Des câbles sont tirés sous le nouveau plancher et les branchements internet revisités. L'endroit est ainsi mis aux normes techniques les plus récentes. Emmanuel Macron souhaite pouvoir y organiser des visioconférences de qualité avec ses homologues étrangers. Toutes ces liaisons confidentielles devaient être sécurisées. À la fin du mois d'août, les artisans quittent l'Élysée. Le vieux Salon vert épouse enfin son temps.

The West Wing

Quand on regarde l'Élysée depuis la rue du Faubourg Saint-Honoré, le bureau du président de la République situé au premier étage du palais, dans le Salon doré, occupe le centre du bâtiment. Sur sa droite se trouve l'aile ouest, l'aile du pouvoir*. Pour s'en convaincre, il suffit de jeter un rapide coup d'œil à la configuration des lieux. Deux des plus importants collaborateurs du chef de l'État y ont leurs quartiers : le secrétaire général de l'Élysée et le secrétaire général adjoint. Ils sont quasiment à portée de voix de leur « patron ». Un peu plus loin, plusieurs pièces en enfilade où travaille de jour comme de nuit une armée de conseillers. Mais au plus près, il y a le Salon vert dont les portes communiquent directement avec le bureau présidentiel.

---

* Voir le plan en fin d'ouvrage.

Cette géographie politique fait irrémédiablement penser à la Maison Blanche dont l'aile ouest, *The West Wing*, abrite le président des États-Unis et sa garde rapprochée. À Paris comme à Washington c'est là que se joue, à l'abri des regards indiscrets, l'avenir des deux pays. Ces univers opaques ont toujours intrigué. Qui n'a jamais voulu savoir ce qui s'y trame, ce qui s'y décide ? À défaut de le découvrir, les Américains se sont passionnés au début des années 2000 pour une série diffusée sur NBC et que son créateur Aaron Sorkin intitula fort à propos *The West Wing*. Cette fiction racontait le quotidien du président démocrate Josiah Bartlet, incarné à l'écran par Martin Sheen. Au fil des 155 épisodes, le public plongeait dans les coulisses de la Maison Blanche tout en se familiarisant avec les rouages de l'État fédéral. Le succès fut phénoménal. En France, les aventures de l'aile ouest du palais mériteraient elles aussi d'être portées à l'écran et le Salon vert pourrait sans aucun doute en être la vedette principale.

Entrons maintenant dans l'Élysée. Une fois le hall franchi, empruntons l'escalier Murat, du nom du maréchal d'Empire qui le fit construire au début du XIXe siècle. Parvenus au premier étage, gagnons le vestibule, engageons-nous dans le Salon des huissiers, puis pénétrons dans le Salon vert dont les fenêtres donnent sur le magnifique parc du palais qui filtre si bien le tumulte du monde extérieur. Il reste une double porte à franchir et nous voici dans l'antre du président de la République, le Salon doré.

Le chef de l'État a néanmoins la possibilité de quitter son bureau sans passer nécessairement par le Salon vert. Il dispose d'un accès direct à son secrétariat particulier et peut aussi suivre un étroit corridor menant à ses appartements privés. Mais comment imaginer les hôtes du président de la République emprunter ces chemins détournés ?

D'une trentaine de mètres carrés, le Salon vert a été décoré dans le style Louis XV selon les souhaits de l'impératrice Eugénie. Ses doubles portes étouffent le bruit des conversations, le tic-tac de sa pendule rythme les réunions cruciales qui s'y tiennent, à l'abri des regards. Sur la table longtemps recouverte d'une feutrine verte, les dossiers brûlants de la République.

Remontons désormais le temps.

Même s'il y a l'embarras du choix, notre série pourrait commencer par l'histoire d'un rendez-vous secret organisé à l'Élysée le 10 juin 1960, en pleine guerre d'Algérie. Après plusieurs mois de pourparlers, le général de Gaulle accepte de recevoir, ce jour-là, trois chefs fellagas de la wilaya IV (l'une des régions militaires), désireux de déposer les armes et qui l'ont fait savoir, court-circuitant les dirigeants du FLN.

À 22 heures, les combattants algériens Si Salah, Si Mohamed et Si Lakdar, que l'on a fait discrètement entrer par l'une des grilles du parc, sont conduits au premier étage du palais où ils pénètrent d'abord dans le Salon vert, occupé à l'époque par les aides de camp du Général. L'ambiance est tendue et les militaires sur le qui-vive. Dans son ouvrage *L'Élysée, histoire d'un palais*, Georges Poisson décrit une scène rocambolesque. Ordre a été donné, raconte-t-il, de ne pas fouiller les rebelles avant leur entretien avec le chef de l'État pour ne pas briser le fragile climat de confiance établi. Un à un, les trois visiteurs clandestins s'engagent dans le bureau présidentiel et, se mettant au garde-à-vous, saluent son occupant en uniforme. Cette étonnante déférence ne suffit pas à rassurer les aides de camp qui, l'oreille collée à la porte de communication et arme à la main, guettent depuis le Salon vert le moindre bruit suspect. Heureusement, la rencontre s'achève sans incident. Si Salah, Si Mohamed et Si

Lakdar quittent l'Élysée pour ne jamais y revenir. Aucun cessez-le-feu partiel ne sera mis en place, les négociations ont échoué. Quelques mois plus tard, les trois émissaires seront abattus. Ont-ils été exécutés pour trahison par le FLN ? Ont-ils été tués au combat ? Les circonstances de leur mort ne seront pas élucidées.

Il faudra attendre plus d'un an pour que « l'affaire de la wilaya IV » sorte au grand jour. À Paris le gouvernement, interpellé fin août 1961 par un sénateur à propos de cette rumeur d'entrevue, finit par y répondre le 17 octobre. C'est le ministre des Affaires algériennes, Louis Joxe – père de l'ancien ministre socialiste Pierre Joxe –, qui s'en charge, confirmant officiellement l'existence du rendez-vous dont *Le Monde* se fera l'écho dès son édition du lendemain. Jusque-là, le Salon vert avait gardé le silence. Les conversations et les événements qui s'y enchaînent depuis la création de la Ve République sont si confidentiels que la pièce est régulièrement inspectée pour vérifier qu'elle n'a pas été sonorisée. « Heureusement, les services y veillent », nous confie l'ancien directeur du renseignement à la DGSE, Alain Juillet. « Le Salon vert est l'un des endroits chauds de la République, il intéresse donc tout particulièrement nos amis comme nos ennemis. »

Sous la présidence de Georges Pompidou, les aides de camp sont priés de partager le Salon vert avec la directrice de cabinet du chef de l'État, Anne-Marie Dupuy, soucieuse d'occuper cet emplacement clé, ainsi qu'on peut le lire dans ses mémoires *Le Destin et la Volonté.* L'avocate est une fidèle de Georges Pompidou, avec qui elle a déjà collaboré à la banque Rothschild puis à Matignon. Visiblement la juriste, qui deviendra plus tard maire de Cannes, n'a pas aimé l'Élysée, son atmosphère de Cour et ses querelles d'influence. Au début des années 1970, les portes claquent souvent dans l'aile ouest du palais. On se croirait presque dans un vaudeville de Feydeau. Rien de tel pour enchanter les amateurs de séries politiques.

Deux clans s'affrontent. D'un côté Michel Jobert et Édouard Balladur qui gèrent les affaires de l'État, de l'autre Pierre Juillet et Marie-France Garaud, surnommés par la presse « les diaboliques » et qui adorent la politique. Les premiers sont respectivement secrétaire général de l'Élysée et secrétaire général adjoint, les seconds officient en tant que conseillers spéciaux. Eux préfèrent bien sûr le titre d'éminences grises. Ces rivaux occupent le même espace géographique.

Agacée par leurs bagarres incessantes, Anne-Marie Dupuy joue souvent les juges de paix. « Ma situation stratégique dans le bureau des aides de camp m'a permis parfois de calmer le jeu... », écrit-elle, désapprouvant clairement cette ambiance délétère. Le tandem Garaud-Juillet pèse lourd au palais et pousse, par exemple, Georges Pompidou à se séparer de son Premier ministre Jacques Chaban-Delmas, promoteur d'une nouvelle société « prospère, jeune, généreuse et libérée », comme l'ancien résistant l'a énoncé dans sa déclaration de politique générale, le 16 septembre 1969. Ce projet heurte profondément le duo conservateur qui prend en grippe Chaban et parvient à le neutraliser.

Parfois, les deux conseillers échouent à se faire entendre du chef de l'État. Les journalistes amusés voient alors Pierre Juillet partir bouder quelques jours dans sa Creuse natale. L'Élysée, une cour d'école ? C'est un peu le sentiment qui domine après chaque élection présidentielle, lorsque la chasse aux bureaux est ouverte. Être au premier étage du palais, dans l'aile ouest, pour croiser de temps en temps le regard du chef suprême et capter, un jour peut-être, son attention, voilà le graal de tous les conseillers.

Sous le septennat de Valéry Giscard d'Estaing, c'est dans « l'aile est » qu'a lieu la course pour obtenir les meilleures places. Seul chef d'État de la Ve République à dédaigner le Salon doré, le nouvel élu préfère s'installer dans une autre pièce, le Salon d'angle, ancienne chambre du maréchal d'empire Joachim Murat. Le Salon vert perd alors de sa superbe mais la retrouve dès l'élection de François Mitterrand le 10 mai 1981. D'après les propres mots du président socialiste, il devient alors « le bureau d'à côté ». Jacques Attali, que le chef de l'État choisit comme « conseiller spécial », parvient à s'en emparer et à en faire son fief pendant dix ans. Il nous raconte : « C'était le moment où tout le monde se servait. Le nouveau secrétaire général de l'Élysée, Pierre Bérégovoy, avait laissé Jacques Fournier, nommé secrétaire général adjoint, déposer ses affaires dans le Salon vert. J'ai alors fait savoir à François Mitterrand que je resterais chez moi tant que je ne serais pas assuré d'avoir un point de chute au premier étage de l'Élysée. » L'attente dure quelques jours, puis

Jacques Fournier finit à contrecœur par quitter les lieux.

Jusqu'à son départ en mai 1991 pour Londres où il prend la présidence de la Banque européenne pour la reconstruction et le développement (BERD), Jacques Attali tient, à la demande de François Mitterrand, une chronique quotidienne de l'alternance politique. Il devient son mémorialiste et publie, en 1993, le premier tome de ce journal de bord intitulé *Verbatim.* Deux autres suivront.

Avec le Salon vert pour QG, rien ne peut échapper au sherpa du chef de l'État. Celui-ci se souvient encore aujourd'hui avec émotion de ce « bureau très plaisant » où « l'on passe avant de se rendre et après s'être rendu chez le chef de l'État ».

Ces va-et-vient donnent parfois lieu à de drôles de situations. Si François Mitterrand déteste les réunions et demande qu'on lui en organise le moins possible, il en va autrement de Jacques Attali. Tous les jours à 9 heures, le haut fonctionnaire fait un point dans le Salon vert, avec ses quatre collaborateurs : le diplomate Pierre Morel, le futur secrétaire général de l'Élysée Jean-Louis Bianco, et deux jeunes conseillers prometteurs, Ségolène Royal (27 ans) et François Hollande

(26 ans). L'équipe porte la lourde responsabilité de préparer les sommets internationaux auxquels le président de la République participe. En principe, la discrétion est de mise. Enfin, pas vraiment ! « Comme Jacques Attali ne fermait pas toujours les portes du Salon, il nous est arrivé plusieurs fois de voir un visiteur traverser la pièce pour se rendre chez François Mitterrand. C'était à la fois gênant et amusant, il faut bien l'avouer », témoigne un ancien participant à ces briefings matinaux.

Jour après jour, la pièce devient un lieu de confidences, une sorte de confessionnal où l'on chuchote son entrevue présidentielle à l'oreille du conseiller du Prince. « C'est exactement ça, témoigne l'essayiste politique Alain Minc. Quand je sortais du bureau de François Mitterrand, Jacques Attali m'interrogeait : "Alors, qu'est-ce qu'il t'a dit ?" Vous étiez évidemment obligé de lui lâcher des informations. » Le Salon ne se contente plus d'être un avant-poste. Il se métamorphose en lieu de pouvoir, franchissant ainsi une étape qui pimente le scénario de sa longue histoire. On s'y presse, d'ailleurs. Jacques Attali y accueille entre autres Brigitte Bardot, Coluche, le secrétaire d'État américain Henry Kissinger ou le violoniste britannique Yehudi Menuhin.

Quand le haut fonctionnaire quitte Paris en 1991 pour rejoindre Londres, François Mitterrand appelle à ses côtés Anne Lauvergeon, choisie pour être son nouveau sherpa. À 31 ans, la jeune ingénieure des Mines a déjà occupé les fonctions de secrétaire générale adjointe de l'Élysée. Le Salon vert devient alors le domaine réservé de la future dirigeante du géant nucléaire Areva. La presse anglo-saxonne ne la surnomme pas encore *Atomic Anne* mais, au palais, elle sait se faire entendre et écouter. François Mitterrand raconte plutôt amusé que sa conseillère sait dire non avec le sourire. Le climat tourne malgré tout à l'orage entre la jeune femme et le secrétaire général de l'Élysée, Hubert Védrine, qui n'apprécie guère sa proximité géographique avec le chef de l'État. C'est à elle maintenant que les visiteurs se confient et non plus à lui dont le bureau ne jouxte pas l'antre présidentielle. Comme pour Jacques Attali, le Salon vert devient le reflet de la puissance prêtée à la familière de François Mitterrand.

Au crépuscule de sa vie, le président rongé par la maladie se confie beaucoup à son omniprésente et omnipotente conseillère. Journaliste d'investigation, Jean-Louis Pérez a interrogé plusieurs caciques de la Mitterrandie pour son livre *Anne Lauvergeon, le pouvoir à tout prix*. Il cite Roland Dumas, plutôt bienveillant quant à la relation du vieux président avec sa proche collaboratrice, mais néanmoins étonné de la tournure prise par les événements, quand la fin approche. « Le chef de l'État se trouvait la plupart du temps dans son appartement, alité même. Et la seule personne qui le voyait dans les derniers mois, c'était elle. Tout passait par Anne Lauvergeon », témoigne l'avocat, ancien ministre socialiste des Affaires étrangères.

À la mort de François Mitterrand, une nouvelle vie débute pour le Salon vert. Jacques Chirac décide d'en faire une salle de réunion. L'idée ne vient pas de lui mais de l'un de ses fidèles lieutenants – désireux de rester anonyme – qui, passant en revue les sujets liés à la vie du palais, lui souffle : « Bon, le Salon vert, le bureau qui rend fous ceux qui l'occupent, on va le neutraliser et s'en servir comme lieu de discussion. » D'autres pièces, à l'Élysée, rendraient tout aussi cinglés leurs occupants, à l'instar du Salon d'angle qui abrita au premier étage de nombreux conseillers présidentiels.

Pour le spécialiste des questions sociales Raymond Soubie, proche de Jacques Chirac et de Nicolas Sarkozy, le Salon vert rendu à la collectivité incarne alors « la permanence de la République où se côtoient l'essentiel et l'anecdotique ». L'essentiel ? Ce sont ces comités de défense restreints convoqués en urgence quand une crise internationale éclate ou qu'un attentat meurtrit le pays. L'essentiel ? Ce sont aussi ces bras de fer, lobby contre lobby, qui engagent des décisions économiques ou environnementales. Sur tout cela, nous reviendrons.

L'anecdotique ? Il ponctue le quotidien de moments informels étonnants et dévoile les coulisses du palais tout comme la personnalité de ses occupants. Citons, pour commencer, « l'épreuve du gueuloir », ainsi appelée par l'amiral Bernard Rogel dans son livre témoignage *Un marin à l'Élysée* afin d'évoquer les séances de relecture des discours de Jacques Chirac. L'ex-commandant de sous-marins nucléaires découvre en 2004 les ors du palais présidentiel après sa nomination comme adjoint au chef d'état-major particulier de Jacques Chirac, alors président pour la seconde fois.

Le gueuloir, c'est crier pour mieux écrire. Le gueuloir, c'est Flaubert. « Je ne sais qu'une phrase est bonne qu'après l'avoir fait passer par mon gueuloir », répétait le romancier attaché, avec une obsession presque maladive, à la musicalité des mots. Jacques Chirac était un fervent adepte de la méthode Flaubert.

Le rituel a généralement lieu le samedi. Toujours assis à la même place dans le Salon vert, c'est-à-dire dos à la cheminée, Jacques Chirac pose devant lui le discours préparé par ses proches collaborateurs et commence à le déclamer. Un mot lui déplaît ? Une expression le chagrine ? Il s'arrête net et débute alors une délicate opération aux allures chirurgicales. Le chef de l'État coupe avec une paire de ciseaux le passage litigieux, surligne ce qu'il souhaite garder, écrit dans la marge une ou deux phrases nouvelles et rassemble ce puzzle quasi illisible sur la feuille de papier martyrisée grâce à son outil préféré et posé à ses côtés : un pot de colle.

« Chaque feuille ainsi corrigée était transmise dans la foulée au secrétariat particulier du président pour être retranscrite au propre », nous dépeint l'amiral Rogel, véritablement admiratif du travail accompli par le pool d'assistantes rompues aux manies du président. En l'écoutant, on se demande si manœuvrer un sous-marin nucléaire ne lui semblait pas plus facile.

L'officier supérieur n'est pas le seul à témoigner de ce cérémonial. Le diplomate Daniel Jouanneau, chef du protocole de l'Élysée lors de la première élection de Jacques Chirac (1995-2002), en garde lui aussi une image précise. « Ces moments de relecture se tenaient dans une atmosphère détendue et conviviale, chacun pouvait donner son avis librement. Ce n'était jamais solennel. » Jacques Chirac adore blaguer. Avec la liberté de ton qu'on lui connaît, il propose parfois des modifications « osées » que son entourage se sent aussitôt obligé de modérer ou de reformuler. « Combien de fois ai-je entendu son conseiller diplomatique ou le secrétaire général de l'Élysée s'exclamer : "Vous ne pouvez pas dire cela, Monsieur le Président !" Il riait alors de bon cœur. »

Quand le soleil est au rendez-vous, le chef de l'État aime laisser les fenêtres ouvertes pour entendre le gazouillis des oiseaux et la musique apaisante du jet d'eau de la fontaine.

A contrario, cette ambiance champêtre et bon enfant n'est pas celle décrite par les anciens collaborateurs de François Mitterrand quand il fallait revisiter ses discours. « Pour nous, c'était ce qu'il y avait de plus cauchemardesque, reconnaît Anne Lauvergeon, interrogée sur France Culture en décembre 2023. Nous devions évidemment les préparer mais il les trouvait très mauvais… » Également chef du protocole du président socialiste entre 1993 et 1995, Daniel Jouanneau confirme la lourdeur de ces instants : « N'étant pas insensible à l'esprit de Cour, François Mitterrand, très exigeant, aimait intimider ses conseillers et jouer subtilement sur leurs différends. Difficile, oui, c'était difficile. »

Il est des discours plus marquants que d'autres. Celui à prononcer après une défaite est un acte de bravoure. Le 6 mai 2012, entouré de ses proches conseillers dans le Salon vert, Nicolas Sarkozy réalise qu'il a perdu l'élection présidentielle lui ouvrant un second mandat. François Hollande est en tête des sondages et le restera jusqu'à la clôture du scrutin. La partie est jouée.

Son conseiller spécial Henri Guaino part alors préparer au calme le discours que le vaincu doit prononcer devant les militants UMP rassemblés à la Mutualité, après la proclamation des résultats officiels à 20 heures. Dans son ouvrage *Scènes de la vie quotidienne à l'Élysée*, l'écrivain Camille Pascal décrit le défilé incessant des ténors de la droite venus réconforter le chef de l'État. Carla arrive, elle aussi, prend place autour de la longue table rectangulaire du « bureau d'à côté », auprès d'Alain Juppé.

Quand Henri Guaino revient avec en main plusieurs pages imprimées, Nicolas Sarkozy en débute la lecture à haute voix, s'interrompt, griffonne et rature. « Le texte était beau mais clair : le président partait et sans espoir de retour », retrace Camille Pascal. Le chef de l'État envisage alors de quitter pour de bon la politique. Dans le Salon vert, c'est l'émoi. Plusieurs voix s'élèvent pour lui demander de ne pas abandonner les Français et de modifier le sens de sa prise de parole.

Il est des discours qu'il faut écrire seul. Nicolas Sarkozy le sait bien. Le président quitte la pièce pour s'isoler dans son bureau. Les mots qu'il prononce quelques heures plus tard à la Mutualité ne sont pas définitifs : « Je m'apprête à redevenir un Français comme les autres. Je partage vos idées et vos convictions, et vous pouvez compter sur moi, mais ma place ne peut plus être la même. » L'ancien chef de l'État reste en politique. Le

19 septembre 2014, il se déclare d'ailleurs candidat à la présidence de l'UMP.

Personne n'aime quitter l'aile ouest.

Le vert Eugénie

À l'Élysée, le Salon vert se distingue des autres pièces du palais par sa couleur pastel. C'est un « vert tilleul », précise l'historien Michel Pastoureau après avoir regardé avec attention une photo que nous lui présentons. Son avis est déterminant. Les couleurs et leur symbolique n'ont aucun secret pour ce médiéviste dont les livres *Bleu*, *Noir*, *Vert*, *Rouge*, *Jaune* et *Blanc* ont fait le tour du monde.

Associé au tilleul, le vert s'adoucit. Les qualités de l'arbre y sont pour beaucoup. En Europe, on a toujours aimé cette essence, lui prêtant de multiples vertus. Avec ses feuilles en forme de cœur, le tilleul est d'abord l'arbre de l'amour mais, en raison de ses qualités médicinales, il est aussi celui de la pharmacopée. Et quand, à la belle saison, les abeilles viennent butiner ses fleurs mellifères à l'odeur suave, leur chant le transforme en arbre de la musique. Ce n'est pas un hasard si son bois est tant prisé des luthiers.

Le vert tilleul est l'une des couleurs préférées de Michel Pastoureau. L'impératrice Eugénie en était également éprise. Et si, aujourd'hui, le Salon vert arbore cette couleur, c'est bien grâce à elle.

Petit retour en arrière.

Élu président de la République le 10 décembre 1848, Louis-Napoléon Bonaparte s'installe en célibataire à l'Élysée et découvre avec stupeur l'état de délabrement de l'hôtel d'Évreux, devenu la résidence officielle de la présidence, comme l'atteste désormais la Constitution. Le chef de l'État réclame que la restauration du vieux palais soit vite mise en œuvre, mais les argentiers du pays qui contrôlent avec soin les dépenses du nouveau gouvernant refusent de lui accorder le budget nécessaire. Seuls les travaux les plus urgents sont réalisés.

Le 2 décembre 1852, quand le neveu de Napoléon Ier devient à son tour empereur sous le nom de Napoléon III, l'heure n'est plus aux économies. Dès 1855, une grande campagne de rénovation de l'Élysée est lancée. Deux ans plus tôt, le souverain avait épousé une jeune beauté espagnole, Eugénie de Montijo, comtesse de Teba, qui adore recevoir et paraître. Le joyau impérial doit retrouver sa splendeur d'antan et c'est Joseph-Eugène Lacroix, un architecte proche du nouvel empereur, qui est choisi pour redonner son éclat à l'édifice vieillissant.

À l'époque, ce que l'on nomme aujourd'hui le Salon vert est le QG des aides de camp. L'impératrice décide d'en faire sa salle à manger. L'épouse de Napoléon III vit dans la nostalgie du XVIIIe siècle, et Lacroix est prié de s'en souvenir. L'architecte charge le peintre Jean-Louis Godon et le sculpteur Ovide Savreux d'embellir la pièce. À eux de privilégier un cadre qui évoque le style Louis XV.

Afin de rappeler le siècle de la marquise de Pompadour, Godon incruste sur les boiseries de grands panneaux verticaux ornés de motifs pompéiens. Pompéi n'ayant cessé d'être à la mode depuis l'identification du site en 1763 par les archéologues, on s'inspire des décors mis au jour dans les riches villas antiques pour reproduire des guirlandes de fleurs, des arabesques et des *puttis* potelés et fessus. L'ensemble se complaît dans une grâce insistante que les futurs locataires de l'Élysée, notamment un certain général, jugeront alambiquée et frivole.

Fidèle à ses engouements, l'impératrice choisit le vert (tilleul) et or alors que, partout ailleurs dans le palais, le jaune l'emporte. « Eugénie aimait beaucoup le vert et le portait le soir, au bal, au théâtre et à l'opéra, raconte Michel Pastoureau. Décorer de sa couleur fétiche la pièce où elle allait accueillir des hôtes prestigieux, lui permettait de mettre en valeur sa chevelure brune souvent rehaussée de paillettes d'or qui faisait l'admiration de toute l'Europe. Vert et or, l'harmonie entre elle et les murs de la pièce était parfaite », apprécie l'historien.

Il n'empêche, opter à l'époque pour le vert apparaît comme transgressif. En l'imposant, la souveraine, surnommée « la fée chiffon » par ses détracteurs, fait montre une fois de plus de ce caractère rebelle qu'on lui connaissait à l'adolescence. Passionnée de théâtre, la jeune fille ne prêtait guère attention aux prétendants que sa mère lui présentait en vue d'un beau mariage. Eugénie savait dire non et dicter ses choix.

Si les décorateurs préfèrent parer de jaune le reste de l'Élysée, ce n'est pas seulement par un simple choix esthétique. Depuis les années 1850, la bonne société se méfie du vert pourtant à la mode jusque-là. La rumeur dit même qu'il pourrait tuer, et le coupable pointé du doigt est originaire de la ville allemande de Schweinfurt, située non loin de Francfort. Des études réalisées par des médecins hygiénistes commencent en effet à souligner la dangerosité du pigment vert qui y est fabriqué industriellement, à partir de copeaux de cuivre dissous dans l'arsenic. Or ce dernier s'évapore sous l'action de l'humidité et risque à forte dose d'empoisonner.

Depuis la mise au point de sa formule en 1814, le « vert de Schweinfurt » réputé pour sa luminosité est non seulement apprécié par les artistes, à l'instar de Cézanne et de Van Gogh, mais il est devenu un produit vedette recherché dans l'ensemble de l'Europe pressée de fabriquer des teintures, des colorants et des papiers peints. Magnifié par le préromantisme et l'appel à la nature préconisé par Jean-Jacques Rousseau et Johann Wolfgang von Goethe, le vert faisait alors recette. Lorsque la Révolution éclate en 1789, la France songe même un temps à adopter un drapeau vert, jusqu'à ce que les sans-culottes découvrent avec effroi que le vert était la couleur de la livrée des hommes du comte d'Artois, le frère de Louis XVI et l'homme le plus haï du royaume !

Les soupçons scientifiques pesant sur le vert de Schweinfurt, désormais considéré comme éminemment toxique, mettent un terme à cette frénésie. La cote du vert chute considérablement. L'Europe s'en détourne, sauf l'Impératrice qui le retient pour sa salle à manger. Heureusement, le pigment choisi ne venait pas d'outre-Rhin.

Et pour Napoléon III, que pouvait bien représenter le vert ? Le neveu tant chéri par le vainqueur d'Austerlitz ne pouvait ignorer que plusieurs pièces de la résidence de Longwood, sur l'île de Sainte-Hélène où son oncle avait été exilé, étaient décorées de vert, et cette fois-ci, il s'agissait bien du vert allemand. Les vapeurs d'arsenic qui se dégageaient des papiers peints et des tapisseries auraient-elles fini par empoisonner l'Empereur ? La découverte dans les années 1960 de traces du poison dans des cheveux attribués à Napoléon Ier conforta un temps cette hypothèse défendue par une poignée d'experts mais elle est formellement contestée aujourd'hui. Les historiens spécialistes de l'Empire estiment que l'exilé de Sainte-Hélène est décédé d'un cancer de l'estomac.

Le vert de Schweinfurt aurait-il tué en revanche le prince Albert de Saxe-Cobourg-Gotha, l'époux de la reine Victoria, mort le 14 décembre 1861 au château de Windsor ? La chambre de son mari étant tapissée de vert, la souveraine du Royaume-Uni, alertée de la toxicité du pigment, en fut persuadée. Elle se mit à haïr cette couleur et la fit bannir de toutes les résidences royales.

Michel Pastoureau a remarqué un autre détail sur la photo du Salon vert qu'il a longtemps examinée. Le cliché, qui date d'avant l'arrivée, en 2019, d'une magnifique table en acajou et érable moucheté choisie par le Mobilier national, montre un plateau posé sur des tréteaux et recouvert d'une longue feutrine, verte elle aussi. Certains conseillers, peu au fait de l'histoire de la pièce, pensaient d'ailleurs que le salon tirait son nom de ce parement plutôt banal. « Banal ? Pas tout à fait, s'amuse le médiéviste. Il ne peut se passer que des choses importantes dans une pièce verte où les réunions ont lieu sur une table verte. »

Il s'explique. Depuis le XVIIIe siècle, le vert est la couleur du destin. Dans ces conditions, comment s'étonner que le Salon vert soit si stratégique ? Les décisions politiques qui y ont été prises ou s'y prennent encore ne peuvent qu'engager le destin de la France ! Notre spécialiste des couleurs en fait foi sans hésiter un instant.

Deux mariages et un enterrement

Ce samedi 2 février 2008, Nicolas Sarkozy se lève très tôt. Les nouvelles en provenance du Tchad ne sont pas bonnes. La situation se dégrade vite, plus vite qu'attendu, la guerre civile menace. Les rebelles armés et soutenus par le Soudan sont entrés dans la capitale, N'Djamena, ils s'approchent du palais présidentiel où s'est retranché Idriss Déby Itno. Le chef de guerre africain, allié indéfectible de la France, est en grand danger.

Drôle de journée… Ce n'est pas ainsi que le chef de l'État avait imaginé débuter ce week-end tant attendu depuis l'inoubliable soirée du 13 novembre 2007. Convié à dîner par le publicitaire Jacques Séguéla, Nicolas Sarkozy tout juste divorcé y fait la connaissance de la top-modèle italienne Carla Bruni, et en tombe fou amoureux. Dès le lendemain, il demande la chanteuse en mariage. Le grand jour est fixé au 2 février. Oui, aujourd'hui, Carla et Nicolas se marient, et ils ont décidé de le faire en cachette, à l'abri des paparazzis. François Lebel, le maire RPR du VIIIe arrondissement de Paris, a obtenu du procureur de la République de ne pas faire publier les bans. L'élu a même eu l'autorisation de célébrer l'union à l'Élysée, et c'est le Salon vert qui a été choisi par les deux fiancés pour la cérémonie.

Avant l'échange des alliances, l'urgence tchadienne s'impose néanmoins, et il faut y répondre. La veille, lors d'une première réunion de crise, Nicolas Sarkozy a pris la décision de ne pas voler au secours du régime au pouvoir, pourtant un ami clé dans la région. Contrairement à François Mitterrand ou à Jacques Chirac, il se refuse à jouer au gendarme solitaire en Afrique. Sur place, les soldats français du dispositif « Épervier » ont pour seule consigne de protéger l'aéroport de N'Djamena. Mais en ce matin du 2 février, le futur marié veut s'assurer que toutes les dispositions ont été prises pour mener à bien l'évacuation des ressortissants français et, c'est à voir, l'éventuelle exfiltration du président Idriss Déby Itno.

Le Salon vert accueille donc dès 9 heures un nouveau comité restreint consacré à l'ancienne colonie française. Le secrétaire général de l'Élysée Claude Guéant a convoqué le ministre des Affaires étrangères Bernard Kouchner ainsi que Jean-David Levitte, le conseiller diplomatique de la présidence. Hervé Morin, ministre de la Défense, est présent lui aussi, accompagné du chef d'état-major des armées, le général Jean-Louis Georgelin. Aux côtés de Nicolas Sarkozy siège l'amiral Édouard Guillaud, son chef d'état-major particulier.

Tout est réglé en une heure de temps et les instructions transmises à chacun. Nicolas Sarkozy lève la séance et fait appeler sa voiture. Officiellement, il est attendu à la base aérienne de Creil, dans l'Oise. En réalité, ce rendez-vous est un leurre glissé dans son agenda. Le chef de l'État ne prend pas la route. Une fois ses ministres et ses conseillers partis, il fonce se changer dans ses appartements privés et revient dans le Salon vert où les *happy few* conviés au mariage commencent à arriver.

Un luxe de précautions a été pris pour garder confidentiel cet instant exceptionnel. Le quartier compris entre la rue du Cirque et l'avenue de

Marigny a été bouclé. Seules les personnes munies d'un laissez-passer peuvent s'en approcher avant de rejoindre l'Élysée côté jardin, par la Grille du coq habituellement réservée aux visiteurs du soir. Une fois dans le palais, les invités n'empruntent pas l'escalier d'honneur mais gravissent les marches d'un petit escalier dérobé pour gagner le premier étage. Pas plus que les journalistes mobilisés ce jour-là par l'actualité tchadienne et qui poirotent rue du Faubourg Saint-Honoré, le personnel ne doit soupçonner ce qui se trame.

La scène a été fidèlement reconstituée par François d'Orcival dans son *Histoire de l'Élysée*. La mariée a opté pour une robe blanche délicatement ornée d'un « col Bardot », ce col large qui laisse les épaules dénudées, petit clin d'œil à l'ancienne star de cinéma dont les traits inspirèrent le sculpteur Alain Aslan à la fin des années 1960 pour incarner Marianne, symbole féminin de la République française. Nicolas Sarkozy a choisi, lui, le classique costume-cravate.

Tandis qu'il salue les membres des deux familles réunies et ses amis les plus fidèles, le président ne peut s'empêcher de sourire : le secret de sa nouvelle union a été bien préservé. François Lebel a tenu promesse, rien n'a filtré. Le maire a même attendu le matin de ce 2 février pour faire saisir les actes d'état civil des époux, ceux de Carla Bruni ayant été envoyés par la ville de Turin où elle est née. C'est une Bruni-Tedeschi, une famille de grands industriels du nord de l'Italie.

Avant d'officier, l'édile parisien semble fébrile. Il s'inquiète de ne pas prononcer correctement le patronyme complet à consonance hongroise du président de la République : Sarközy de Nagy-Bocsa. Le hongrois est l'une des langues européennes les plus difficiles à maîtriser mais le maire s'en sort bien.

Dans l'assistance, seuls deux participants à la rencontre du matin sont présents : Claude Guéant et Jean-David Levitte. Les témoins du président sont Nicolas Bazire, ancien directeur de cabinet d'Édouard Balladur, et Mathilde Agostinelli, directrice de la communication de Prada. De son côté, Carla Bruni a choisi la comédienne Marine Delterme et l'ancienne égérie de Jean-Paul Gaultier, Farida Khelfa, rencontrée lors des défilés de mode parisiens et devenue sa grande complice. Dix ans plus tard, Carla sera à son tour le témoin de Farida quand l'ancien mannequin épousera Henri Seydoux, le fils du puissant patron de Pathé, Jérôme Seydoux.

Le Salon vert ne permet pas d'accueillir l'ensemble des invités pourtant triés sur le volet. Raymond Soubie, le conseiller social du président de la République, suivra le mariage depuis la pièce voisine. La cérémonie est achevée en dix minutes. Aucune séance photos. Une image, la seule connue jusqu'à maintenant, sera dévoilée douze ans plus tard lors de la diffusion sur France 5 du documentaire *Neuf femmes aux marches du palais*, réalisé par Élisabeth Kapnist. Le chef de l'État apparaît au premier plan, en train de signer le registre d'état civil sous l'œil attendri de son épouse. Tout juste reconnaît-on dans l'assistance les enfants des précédentes unions de l'ancien maire de Neuilly.

Dans l'après-midi, le couple part pour le pavillon de la Lanterne, résidence de la présidence située à Versailles, où une réception est prévue. Dans le silence soudain retrouvé du Salon vert, Minerve égrène ses heures, imperturbable, sans plus se soucier de l'agitation du matin même. Cette pendule que le Mobilier national a installée sur la cheminée de marbre blanc au début du mandat de François Mitterrand est la seule à avoir été témoin d'une scène qui s'est jouée dans la même pièce en janvier 1982, avec un Nicolas Sarkozy alors âgé de 27 ans seulement.

Au début de cette année-là, le jeune militant gaulliste vient de prêter serment au barreau de Paris, il se destine à une carrière d'avocat mais n'a qu'une idée en tête : devenir président de la République et, ne doutant de rien, il demande à rencontrer Jacques Attali, le conseiller spécial de François Mitterrand. Frappée par la détermination de celui qui vient de l'appeler au téléphone pour solliciter un rendez-vous, l'assistante d'Attali lui transmet le message. Celui-ci, aussi amusé qu'intrigué, décide de recevoir le jeune ambitieux dans son bureau contigu à celui de François Mitterrand. Quels conseils furent-ils alors donnés ? Jacques Attali n'en révèle pas davantage. Quoi qu'il en soit, Nicolas Sarkozy découvre à cette occasion le Salon vert. Est-ce en souvenir de cet entretien ancien qu'il a choisi ce lieu pour s'y marier ?

D'ailleurs, savait-il qu'un autre président de la République avait, comme lui, organisé son mariage en catimini dans le même endroit ? Carla, elle, l'ignorait. Interrogée dans le documentaire d'Élisabeth Kapnist, l'ex-première dame revient sur la cérémonie du 2 février : « C'était à l'Élysée, personne ne s'était jamais marié à l'Élysée avant ! On voulait que le mariage soit privé, discret, caché. J'ai vraiment tout fait pour me fondre dans le décor. » Carla Bruni se trompe. Quelqu'un s'y était marié avant… Le bon Gaston Doumergue, le 1er juin 1931.

Élu à la présidence de la République le 13 juin 1924, Gaston Doumergue, fils d'un vigneron du Gard, s'installe seul à l'Élysée. À 61 ans, cet avocat protestant à l'allure débonnaire est toujours célibataire. Un trait commun avec Louis-Napoléon Bonaparte, seul autre célibataire élu à la magistrature suprême, à cette époque.

Ancien député radical-socialiste, Gaston Doumergue, surnommé par les Français « notre Gastounet national » en raison de sa faconde méridionale, demande à sa sœur aînée Fanny de l'assister lors des cérémonies protocolaires. Rien d'impossible car, sous la IIIe République, les chefs d'État se contentent souvent d'inaugurer les chrysanthèmes. L'homme a toutefois une « habitude », ainsi qu'on nomme dans les années 1930 une liaison. Après avoir pris ses repas durant la quasi-totalité de son mandat seul devant le reflet que lui renvoient les glaces des appartements du palais, le président se décide à régulariser la relation qu'il entretient clandestinement depuis plusieurs années avec une professeure agrégée de lettres de quinze ans sa cadette : Jeanne Gaussal.

Jusqu'alors, chaque fois que son emploi du temps lui en laissait l'opportunité, Gaston Doumergue s'échappait de l'Élysée par les jardins pour se rendre discrètement non loin de là, au 73 bis de l'avenue de Wagram. Sa maîtresse, une veuve respectable, y habitait.

Sans doute lassé de ce stratagème, il prend tout à coup la décision de se marier. Le 1er juin 1931, à quelques jours seulement de la fin de son septennat, « Gastounet » épouse civilement Jeanne Gaussal dans le Salon vert, en présence de Gaston Drucker, maire du VIIIe arrondissement. Il a pour témoin le secrétaire général de l'Élysée Jules Michel. Aucune cérémonie n'est prévue ensuite. Ce rendez-vous clandestin du président devant Monsieur le maire avait été inscrit entre deux obligations, officielles celles-là.

À dessein, le personnel du palais n'a pas été informé de la célébration. Pourtant, quand s'entrouvrent les portes du Salon vert, après la signature des registres, les époux découvrent employés et huissiers rassemblés au premier étage : tout le monde s'est cotisé afin d'offrir une gerbe de fleurs à la mariée. Au président qui demande à son maître d'hôtel comment la nouvelle du mariage a filtré, ce dernier lui répond qu'il a été prévenu par l'ambassade de Grande-Bretagne voisine ! Douze jours plus tard, le couple présidentiel quitte pour toujours l'Élysée et le Salon vert. Gaston Doumergue se retire provisoirement de la vie politique – avant, en 1934, de prendre la présidence du Conseil pendant quelques mois – et s'installe dans la demeure de son épouse, à Tournefeuille, près de Toulouse, dans cette région occitane qu'il aime tant.

Paul Doumer lui succède le 13 juin 1931, ce qui amuse les chansonniers de l'époque :

« *Nous avions Monsieur Doumergue,*
Nous avons Monsieur Doumer,
Et tout le monde s'écrie : Ah mergue,
Si chaque fois on en perd un tout petit bout ! »

Âgé de 74 ans, Paul Doumer porte beau. Ce magnifique vieillard à la longue barbe blanche est austère, voire rigoriste. Né à Aurillac dans le Cantal, l'homme est issu d'un milieu modeste : son père était cheminot et sa mère femme de ménage. Pour aider sa famille dans le besoin, il devient apprenti à l'âge de 12 ans. La misère, il connaît, le peuple, il en vient. Toute sa vie, il a travaillé dur pour réussir. Paul Doumer est un pur produit de la méritocratie républicaine.

Il apprécie les bains de foule et ne supporte guère les dispositifs de sécurité renforcés qui l'isolent des Français. « J'aime mieux être bousculé que bousculer les autres », aime-t-il à dire. Pourtant, depuis quelques semaines, la Sûreté générale a informé ses services que des menaces de mort circulaient à l'encontre du président. Averti, celui-ci a répondu, résigné : « Que voulez-vous… À mon âge, s'il m'est donné de tomber pour le pays, qu'espérer de mieux ? » C'est un vrai patriote et il l'a payé cher. Quatre de ses cinq fils sont tombés pour la France lors du conflit de 14-18.

Le vendredi 6 mai 1932, après avoir reçu à déjeuner le roi Fayçal Ier d'Irak, le président se rend à l'hôtel Salomon de Rothschild où doit se tenir le Salon annuel des écrivains anciens combattants de la Grande Guerre. Le printemps est tardif cette année-là. Les températures sont relativement fraîches à Paris mais la pluie n'est pas annoncée. Paul Doumer décide de se rendre à pied, avec sa suite, à la manifestation située rue Berryer, à quelques centaines de mètres de l'Élysée.

Il y parvient un peu après 15 heures. Alors qu'il discute avec l'écrivain et officier de marine Claude Farrère, en compagnie du ministre de la Défense François Piétri, il est grièvement blessé par un réfugié russe du nom de Paul Gorgulov. L'assassin, qui crie « Ce n'est que le commencement », tire à trois reprises sur le président de la République avec un pistolet Browning M1910, le même type d'arme que celle utilisée en juillet 1914, à Sarajevo, contre l'archiduc François-Ferdinand.

Les deux premières balles atteignent Paul Doumer au crâne et à l'aisselle droite. La troisième rate sa cible grâce à un geste réflexe de François Piétri, qui parvient à détourner le bras du tireur. Ce dernier est immédiatement maîtrisé, désarmé, puis vite évacué. La foule présente aux festivités menace en effet de le lyncher. Pour s'approcher au plus près du président de la République, Paul Gorgulov, arrivé le premier à l'hôtel Rothschild cet après-midi-là, avait acheté sous un faux nom deux ouvrages de Farrère, prétendant vouloir une dédicace de leur auteur.

Quelques semaines plus tard, durant son procès, le criminel qui a combattu la Révolution d'octobre 1917 aux côtés des Russes blancs expliquera avoir voulu se venger de la France coupable de ne pas avoir assez soutenu son pays contre les bolcheviks. Certains le donnent pour fou mais la justice en décide autrement. Il est guillotiné le 14 septembre suivant à la prison de la Santé.

Victime d'une hémorragie, Paul Doumer a rapidement perdu connaissance. Il s'effondre dans les bras d'un journaliste présent pour commenter la visite officielle. On le transporte en urgence à l'hôpital Beaujon mais le président s'éteint dans la nuit, à l'aube du 7 mai. Sa dépouille est ramenée à l'Élysée. La nouvelle de ce « régicide républicain » a déjà fait le tour de la planète. Les kiosques sont dévalisés, des éditions spéciales sont consacrées à l'événement, alors qu'une foule compacte se rassemble devant le palais parisien. Des télégrammes de condoléances arrivent du monde entier.

C'est dans le Salon vert, une pièce dévolue à l'époque aux appartements privés, que la dépouille du chef de l'État est provisoirement installée. Les principales personnalités politiques doivent pouvoir lui rendre hommage et s'incliner devant la veuve du président, Blanche Doumer, muette de douleur dans sa robe de deuil, et entourée de ses trois enfants encore en vie. Comme le veut alors la tradition, on prend soin d'arrêter les pendules. Bientôt, les fleurs et les couronnes rassemblées par le personnel de l'Élysée emplissent la pièce. De rares photos de l'époque montrent le corps du président revêtu d'une jaquette, reposant sur un modeste petit lit aux montants de cuivre.

Vingt-quatre heures plus tard, la dépouille veillée par une garde d'honneur rejoint la salle des fêtes où un catafalque a été dressé. Pendant trois jours, des milliers de personnes défilent rue du Faubourg Saint-Honoré. Comme souvent en pareil cas, l'émotion le dispute au voyeurisme. Le romancier André Maurois, venu lui-même rendre hommage à Paul Doumer, notera dans ses *Souvenirs* avoir entendu deux quidams qui, probablement, n'avaient jamais croisé le chef de l'État, s'exclamer : « C'est bien lui ! »

Les funérailles officielles sont fixées au 12 mai, à Notre-Dame de Paris. Madame Doumer a fait savoir qu'elle refusait que son mari soit inhumé au Panthéon où un hommage doit cependant lui être rendu. Elle déclare alors : « Ils me l'ont pris toute sa vie, ils me l'ont tué, je veux au moins être avec lui dans la mort. »

Quand le corbillard quitte l'Élysée pour se rendre à la cathédrale de Paris, parmi les milliers de badauds massés devant le palais, un petit garçon de 6 ans, juché sur les épaules de son père, observe la scène et murmure, subjugué par la splendeur des lieux : « Moi aussi, je serai là un jour ! » Il s'appelle Valéry Giscard d'Estaing.

Entre-temps, soucieux de limiter la vacance du pouvoir, les grands électeurs ont porté à la présidence, dès le 10 mai 1932, le Lorrain Albert Lebrun. L'intéressé ne le sait pas encore mais il sera le dernier président de la IIIe République. Lebrun cessera ses fonctions – et son second septennat – aux heures les plus sombres de la France : le 11 juillet 1940, après avoir dû se résoudre à appeler à la présidence du Conseil le maréchal Pétain.

De celui que le général de Gaulle surnommait Albert le Triste, le Salon vert ne garde guère que le souvenir d'un grand-père aimant y accueillir ses petits-enfants, et observer avec eux les canards nageant dans le bassin du parc.

Éléphantasque

Ce vendredi 12 janvier 2024, alors que le gouvernement Attal se réunit pour la première fois à l'Élysée, un éléphant dissimulé dans le décor du Salon vert assiste discrètement à ce Conseil des ministres inédit. Un éléphant stylisé bien sûr, un éléphant né de l'imagination du designer Kristian Gavoille, mais un éléphant tout de même.

Pour suivre les traces de l'animal, il suffit de regarder avec attention les images filmées par plusieurs chaînes de télévision au début de la séance de travail présidée par Emmanuel Macron. Un rapide tour d'horizon montre Gabriel Attal et ses ministres tout sourires, autour d'une table singulière qui attire le regard. Elle ne repose pas sur quatre mais sur huit pieds.

Placés à chaque coin du plateau, quatre premiers pieds fins et cylindriques soutiennent le meuble. En aluminium de couleur vert pâle, ils surprennent par leur apparente fragilité. C'est loin d'être le cas des quatre autres en résine verte situés au milieu des côtés du meuble rectangulaire. Ceux-là en imposent, même si leur volume galbé reste élégant. Des pieds, oui, mais des pieds d'éléphant, ainsi l'a pensé Kristian Gavoille qui a baptisé sa table *Éléphantasque*. Drôle de nom ! *Éléphantasque*, comme si l'on parlait d'un brave pachyderme extravagant.

Cette fascination du créateur français pour la faune sauvage ne doit rien au hasard. L'homme, âgé de 68 ans aujourd'hui, a vécu les premières années de sa vie à Brazzaville, sur les rives du fleuve Congo. Les souvenirs de ce court passé en Afrique centrale ne l'ont jamais abandonné et continuent de l'inspirer.

Doué de ses mains grâce à un grand-père menuisier et un père ouvrier qui lui ont transmis l'amour du travail bien fait, il devient architecte d'intérieur. Ses premières créations doivent beaucoup à l'aide financière du fonds de Valorisation de l'innovation dans l'ameublement (VIA), une plate-forme créée en 1979 sous la présidence de Valéry Giscard d'Estaing afin de soutenir les jeunes designers. Le succès est vite au rendez-vous. En 1992, il est élu créateur de l'année lors du Salon du meuble, tout comme l'ont été avant lui Jean Nouvel et Philippe Starck. Ce dernier, choisi par François Mitterrand pour décorer les appartements privés de l'Élysée, remarque le jeune talent et le recrute dans son agence. Leur collaboration durera dix ans.

Lorsqu'il conçoit *Éléphantasque* en 1995 à la demande du Mobilier national, Kristian Gavoille opte pour un plateau en bois – de l'acajou et de l'érable moucheté de vert –, ce qui étonne et amuse Starck. À l'époque, la mode est plutôt au design froid et métallique. « J'étais très tribal pendant ces années-là », se souvient le passionné d'art africain, dont la volonté de s'inscrire en rupture avec l'air du temps lui vaudra le surnom de « Cocteau du design ».

Avant de meubler le Salon vert, la table a eu une première vie au Centre national du cinéma et de l'image animée (CNC), où elle a accueilli les réunions des membres de la Commission d'avance sur recettes. C'est probablement sur son plateau que les frères Dardenne ont défendu leur film

Rosetta ou que Michael Haneke a vanté les mérites de *La Pianiste*.

Le cahier des charges précisait que le meuble devait pouvoir être monté et démonté facilement afin que, une fois séparés, ses montants servent, le cas échéant, de console ou de bar, et que la pièce ainsi réaménagée prenne des allures de salon.

Le designer propose donc une table sécable avec un trou en son centre afin de symboliser un meuble « ouvert » comme le débat doit l'être, en principe, entre les différents participants à un rendez-vous. La maquette plaît au Mobilier national, dont les ateliers lancent la fabrication de cette pièce unique au monde ainsi que celle de la chaise en cuir et bois censée l'accompagner. Afin de marquer la symétrie avec la table, le siège est « ouvert » lui aussi, ce qui le fait malheureusement ressembler à une chaise percée. Navré de cet impair, le Mobilier national décide alors de garder l'objet dans ses réserves, où il se trouve sans doute toujours.

Kristian Gavoille avait perdu la trace d'*Éléphantasque* depuis le retour de celle-ci au Mobilier national, après plusieurs années de bons et loyaux services au CNC. Nous lui apprenons que son meuble aux pieds de pachyderme est désormais à l'Élysée et en occupe l'une des pièces clés, où la politique africaine de la France est souvent débattue. Pensant à cette perspective, le créateur ne peut s'empêcher de sourire.

Éléphantasque débarque au palais le 19 décembre 2019 après-midi. Journaliste au *Figaro Magazine*, Guyonne de Montjou, en visite ce jour-là à l'Élysée, assiste par hasard à cette livraison et en relate quelques détails. À la veille des fêtes de Noël, l'ambiance au palais est électrique. La mobilisation contre la réforme des retraites présentée par le Premier ministre Édouard Philippe ne faiblit pas. Des dizaines de milliers de personnes manifestent partout en France, et les grèves à la SNCF et à la RATP inquiètent le gouvernement alors que les vacances d'hiver se profilent.

Dans le Salon vert, c'est l'effervescence. Les déménageurs ont livré *Éléphantasque* en plusieurs morceaux emmaillotés comme le sont les œuvres d'art et s'apprêtent à en assembler les huit pieds et le plateau. Ils parlent fort, s'interpellent à haute voix, sans se soucier de ce qui se joue dans le Salon doré voisin, où Emmanuel Macron échange avec son Premier ministre venu lui rendre compte des négociations menées la veille à Matignon avec les organisations syndicales.

Quelques heures plus tard, une fois *Éléphantasque* montée, et alors que le palais a retrouvé un semblant de calme en début de soirée, Emmanuel Macron passe une tête dans le Salon vert. Silencieusement, il s'assied dans l'une des chaises livrées avec la table par le Mobilier national. Ce sont des « Cab », un modèle dessiné par le célèbre designer italien Mario Bellini et qui a connu un immense succès. Celles-ci sont en cuir vert tendu sur une tubulure en acier. Des fauteuils complètent l'ensemble. Leur assise et les accoudoirs sont aussi gainés de cuir vert tandis que leur ossature a été réalisée en placage de Louro faia, une essence rare présente seulement dans la forêt amazonienne.

Sans dire un mot, le président passe délicatement la main sur l'acajou de la nouvelle table de conférence : la voilà adoubée, raconte la journaliste du *Figaro Magazine*.

Emmanuel Macron est le premier chef de l'État à avoir installé un mobilier pérenne dans le Salon vert. Auparavant, la pièce ne disposait pas même d'une table, ce qui a longtemps étonné nombre de ministres, de conseillers ou de syndicalistes devenus familiers de l'endroit depuis que Jacques Chirac avait décidé, après son élection en 1995, d'en faire une salle dédiée aux réunions en petit comité. Dès lors, quand un président de la République souhaitait y tenir un briefing restreint, le personnel de l'Élysée dressait une table au sens propre du terme : on plaçait sur des tréteaux un plateau en bois recouvert d'une feutrine de couleur verte. Cette table volante pouvait apparaître et disparaître au gré des demandes. Au fil des années, la nappe s'est lentement élimée, présentant çà et là des traces d'usure qui, elles aussi, n'ont pas échappé aux habitués du Salon.

Ce mobilier provisoire et escamotable irritait beaucoup Jacques Chirac. Soucieux d'égayer la pièce où il aimait réunir ses collaborateurs les plus proches, il y avait fait installer la magnifique dent de narval que lui avait offerte le Premier ministre du Canada Jean Chrétien lors d'un voyage officiel du président français. Par la suite, des statuettes et des masques africains témoignant de son immense connaissance et de sa passion pour les arts premiers viendront magnifier le décor avant d'être remisés après l'élection de Nicolas Sarkozy, en 2007.

Finalement, à bien y réfléchir, la présence d'*Éléphantasque* et de ses pieds de pachyderme dans le Salon vert sonne comme un hommage posthume à l'auteur de l'improbable chiraquien « abracadabrantesque ».

La guerre sous les lambris

Les plans de frappe avaient été soigneusement conçus et les cibles désignées avec précision. Pourtant, tout va s'arrêter d'un coup, d'un seul, après un simple échange téléphonique. C'en est fini de l'offensive-éclair occidentale fomentée contre le régime syrien de Bachar el-Assad coupable d'empoisonner son propre peuple au gaz sarin.

L'affaire se noue le samedi 31 août 2013 dans le Salon vert. François Hollande, assisté de son conseiller diplomatique Paul Jean-Ortiz, y a convoqué un Conseil de défense afin de donner – ou pas – son « go » définitif au raid aérien échafaudé quelques jours auparavant avec les autorités américaines.

De nombreuses personnes sont présentes en cette fin de journée à l'Élysée. Il y a d'abord le Premier ministre Jean-Marc Ayrault accompagné de Laurent Fabius, son ministre des Affaires étrangères, et de Jean-Yves Le Drian, son ministre de la Défense. Les militaires sont représentés par le chef d'état-major des armées le général Benoît Puga et le chef de l'état-major particulier du président, l'amiral Édouard Guillaud. Familier et expert du monde arabe, le patron de la Direction générale de la sécurité extérieure (DGSE) Bernard Bajolet est là également, tout comme le secrétaire général de la Défense et de la Sécurité nationale, Louis Gautier.

Le président a rassemblé autour de lui cette équipe de combat pour affronter une fin d'été cauchemardesque. En effet, si la guerre civile fait rage en Syrie depuis le printemps 2011, elle s'enfonce véritablement dans l'horreur à partir du 21 août 2013, lorsque Bachar el-Assad ordonne une attaque chimique dans le quartier de la Ghouta situé à la périphérie de Damas et contrôlé par des groupes rebelles. Plus de 1 400 personnes – dont de nombreux enfants – trouvent la mort dans cet ancien verger de la capitale arabe. Les images de leurs corps inanimés, l'écume aux lèvres, scandalisent aussitôt le monde entier. Seule la Russie prend la défense de son allié, accusant l'opposition syrienne d'avoir orchestré elle-même le massacre. Comme à son habitude, Moscou ment.

Très vite, Paris, Londres et Washington élaborent une riposte à cette tuerie intolérable. Mais le 29 août, après une séance houleuse à la Chambre des communes, le Premier Ministre britannique David Cameron prévient ses partenaires qu'il renonce à toute action immédiate en Syrie. Les députés conservateurs et travaillistes redoutent un nouvel engagement désastreux après celui lancé contre l'Irak en 2003 par George W. Bush et soutenu à l'époque par le Royaume-Uni.

Tout dépend désormais de Barack Obama. François Hollande veut croire en la parole de son ami américain. Ce dernier n'a-t-il pas déclaré, un an plus tôt, lors d'une conférence de presse à Washington, que l'utilisation d'armes chimiques constituait « une ligne rouge » à ne pas franchir sous peine d'« énormes conséquences » ? Mais le retrait britannique a changé la donne. Et si les États-Unis faisaient machine arrière, eux aussi ?

Dans le Salon vert, soudain, le doute s'installe, et tous les participants retiennent leur souffle lorsque le chef de l'État s'isole dans son bureau pour prendre Barack Obama au téléphone.

« François est revenu quelques minutes après, il était tout pâle », raconte Jean-Yves Le Drian dans le documentaire réalisé par Gabriel Le Bomin, intitulé *En guerres, Jean-Yves Le Drian témoigne*. Tout comme David Cameron, le président américain a lui aussi décidé d'attendre avant de se prononcer. Il souhaite demander l'avis du Sénat et de la Chambre des représentants. Finalement, l'opération militaire n'aura pas lieu.

François Hollande se souvient parfaitement de cet instant historique. Quand nous le rencontrons début juillet 2023, dans ses bureaux de la rue de Rivoli où s'est organisée sa vie post-Élysée, il a toujours en tête les mots prononcés par Barack Obama. « Vous allez voir, ça commençait bien. Il m'a dit : "Tout est maintenu, nous sommes convaincus qu'il faut frapper." Puis il a ajouté : "Je veux néanmoins consulter le Congrès comme David Cameron l'a fait avec son parlement." Laisser du temps à Assad n'avait pourtant aucun sens », regrette aujourd'hui l'ancien président de la République.

La volte-face américaine a en effet contrarié la stratégie visant à détruire les stocks d'armes chimiques avant le sommet du G20 organisé à

Saint-Pétersbourg les 5 et 6 septembre 2013, et à placer Poutine devant le fait accompli. Raté ! Volant au secours de Bachar el-Assad, le maître du Kremlin propose dès le 9 septembre de mettre l'arsenal de Damas sous surveillance internationale en vue de sa destruction. Impensable dans ces conditions d'imaginer le bombarder un peu plus tard.

Assis face à nous, François Hollande reste silencieux quelques instants, comme s'il se repassait en boucle les images de cette soirée du 31 août dans le Salon vert. Spontanément, il se met à dessiner un plan du premier étage de l'Élysée sur une petite feuille de papier afin de rappeler combien cette pièce est « idéalement située » pour organiser des réunions stratégiques. Sous son quinquennat meurtri par d'atroces attentats terroristes, il y tiendra d'ailleurs nombre de Conseils de défense, ces instances officielles qui relèvent, depuis 1958, de la prérogative élyséenne. L'article 15 de la Constitution de la Ve République en a voulu ainsi : le président de la République française est le chef des armées. À ce titre, il dirige « les conseils et les comités supérieurs de la défense nationale ». C'est un héritage gaullien. Même s'il n'aimait pas le palais de la rue du Faubourg Saint-Honoré, contraint d'y exercer le pouvoir, le Général a souhaité en faire un QG incontournable et permanent d'où le feu nucléaire pouvait être activé.

L'Élysée a ainsi été doté d'un poste de commandement appelé « PC Jupiter ». Enfoui plusieurs mètres sous terre et protégé par une porte blindée, ce bunker est l'ancien abri anti-aérien construit au début de l'année 1940, pendant la « drôle de guerre », sur ordre du président Albert Lebrun. Ce lieu secret autant qu'exigu a été plusieurs fois modernisé, notamment par Valéry Giscard d'Estaing furieux de constater, lors d'une inspection du bâtiment officiel, que le dispositif de déclenchement de l'arme atomique était placé dans une armoire métallique située au rez-de-chaussée du palais.

C'est du PC Jupiter, une forteresse ultra-sécurisée dont les murs sont tapissés de cartes du monde, que sont lancées la majorité des interventions militaires, à l'instar de l'opération Hamilton en 2018 sur la Syrie, laquelle venge, en quelque sorte, le précédent malheureux de l'été 2013. Comme s'en doutaient de nombreux experts, Bachar el-Assad n'a pas tenu les promesses diplomatiques qu'il avait faites sous l'égide de Poutine, lesquelles prévoyaient, on l'a vu, l'élimination de toutes les armes chimiques présentes dans le pays. Le 7 avril 2018, le dictateur arabe les utilise à nouveau dans le nord de Damas. La ligne rouge est à nouveau franchie mais, cette fois-ci, ni les Américains ni les Britanniques ne vont se dérober. Une attaque aérienne conjointe sous commandement tricolore est menée dès les premières heures du 14 avril 2018 contre les stocks chimiques syriens. C'est un succès. Les objectifs seront atteints sans que les Russes interviennent. À 4 h 07 du matin, Emmanuel Macron peut poster sur son compte Twitter une photo prise dans le PC Jupiter pour montrer au monde entier l'engagement de la nation française.

Assis à sa gauche, tout près de lui, on distingue son chef d'état-major particulier, l'amiral Bernard Rogel qui fut aussi celui de François Hollande, lors des deux dernières années du président socialiste à l'Élysée.

Ce solide Brestois avait découvert les coulisses de la République en intégrant l'état-major particulier de Jacques Chirac en 2004. Il nous avait d'ailleurs raconté avec humour la pénible épreuve du « gueuloir », lors de la lecture par le tonitruant chef de l'État des discours qui lui avaient été préparés. À l'écouter de nouveau, on sent bien que l'ancien commandant de sous-marins nucléaires, habitué au silence des profondeurs océanes, préférait nettement que les Conseils de défense se tiennent dans le PC Jupiter, une cage de Faraday bien rassurante empêchant l'interception des échanges par des oreilles ennemies. « Mais, précise-t-il, ce qui se dit de très confidentiel dans le Salon vert doit rester dans le Salon vert. C'est une règle absolue. Quand j'étais à l'Élysée, j'ai d'ailleurs exigé que les ministres présents à ces réunions sensibles déposent leurs téléphones portables dans une caisse à l'extérieur de la pièce. » L'endroit est, en principe, régulièrement inspecté par les services de renseignements afin de déceler la présence de possibles mouchards.

Valéry Giscard d'Estaing détestait le PC Jupiter. Comme l'a écrit le journaliste Jean Guisnel dans *Le Point*, VGE le surnommait « le terrier de la peur ». Est-ce pour montrer sa détermination à conduire les affaires de l'État, lui aussi à ciel ouvert, que François Hollande lui a préféré le Salon vert quand il devait endosser ses habits de chef de guerre ? En tout cas, en ce mois de juillet 2023, il nous rapporte y avoir ordonné « l'opération Serval » dix ans plus tôt, le vendredi 11 janvier 2013 précisément, lors d'un Conseil de défense restreint.

La veille, le président malien Dioncounda Traoré a appelé la France à son secours. Il faut faire vite. Bamako, la capitale du pays, est menacée par des djihadistes. Le déploiement de plus de 2 000 soldats français sauve non seulement Bamako mais permet aussi de reprendre les grandes villes du Nord dont s'étaient emparés les islamistes du groupe Ansar Dine. À Tombouctou, les groupes salafistes ont détruit au passage quatorze des seize mausolées inscrits sur la Liste du patrimoine mondial de l'Unesco depuis 1988. Libérée du joug djihadiste, la ville fondée entre le XIe et le XIIe siècle par des tribus touaregs accueille en libérateur le président français venu à la rencontre du peuple malien trois semaines plus tard, le 2 février. Galvanisé par la foule en liesse, il y déclare « vivre le plus beau jour de [sa] carrière politique ».

D'autres matins ont été plus sombres, beaucoup plus sombres. L'amiral Rogel n'a pas oublié le Conseil de défense convoqué tôt le vendredi 15 juillet 2016 dans le Salon vert, ni l'ambiance pesante qui y régnait. La séance s'est d'ailleurs prolongée bien au-delà des deux heures normalement prévues, « il y avait tellement de points à aborder », convient ce fervent serviteur de l'État.

La veille, sur la Promenade des Anglais à Nice, un poids lourd de 19 tonnes conduit par le Tunisien Mohamed Lahouaiej-Bouhlel fonçait dans une foule innocente venue en famille admirer le feu d'artifice tiré à l'occasion de la Fête nationale. Le camion-bélier a roulé sur 2 kilomètres avant d'être stoppé dans sa folie meurtrière. L'attentat revendiqué par l'État islamique fait 86 victimes (de dix-neuf nationalités différentes), blesse 450 personnes et en traumatise des milliers qui ne pourront jamais oublier le spectacle atroce de tous ces corps déchiquetés.

Parti pour le Festival d'Avignon à l'issue du défilé militaire sur les Champs-Élysées, le président de la République rentre immédiatement sur Paris dès l'annonce de l'attaque. Une première réunion de crise a lieu, dans la nuit, au ministère de l'Intérieur. Après une ou deux heures de sommeil, François Hollande rejoint ses conseillers rue du Faubourg Saint-Honoré. « Vous imaginez facilement combien nous étions inquiets, témoigne le marin étoilé. Les attentats du 13 novembre 2015 étaient encore dans toutes les têtes et nous avions peur d'une nouvelle agression. Notre réaction devait être rapide. » Quatre mesures sont décidées ce matin-là : la prolongation de l'état d'urgence « post-Bataclan » ; le renforcement du dispositif « Sentinelle » (décidé lui aussi dans le Salon vert en janvier 2015, après l'attentat contre l'hebdomadaire satirique *Charlie Hebdo*) jusqu'à son niveau maximum de 10 000 soldats engagés sur l'ensemble du territoire national ; l'appareillage du groupe aéronaval du *Charles de Gaulle* afin d'intensifier la lutte contre l'État islamique au Levant ; et l'envoi de canons Caesar pour appuyer au sol les forces irakiennes engagées, elles aussi, contre les forces djihadistes regroupées autour de Mossoul.

François Hollande déclare dans la foulée rendre hebdomadaires les Conseils de défense généralement trimestriels. « Après le Bataclan, l'attentat du 14 juillet fut un terrible électrochoc. Nous voulions rester mobilisés coûte que coûte afin de protéger les lieux de culte, autoriser ou non les festivals prévus tout au long de cet été 2016, et surtout réfléchir aux moyens nécessaires pour sécuriser la rentrée scolaire », insiste l'amiral Rogel qui ne compte plus le nombre de Conseils de défense qui eurent lieu dans le Salon vert. Des dizaines, à n'en pas douter, sous le quinquennat de François Hollande.

Le rythme avait été moins dense au cours des deux mandats de Jacques Chirac, même si le chef de l'État fut lui aussi confronté à des événements internationaux d'une profonde gravité, à l'instar de l'intervention française de septembre 2002 en Côte d'Ivoire ou du tumulte provoqué en 2003 par l'invasion américaine de l'Irak à laquelle la France refusa de participer. Aujourd'hui âgé de 78 ans, le général Bentégeat a suivi de près cette époque troublée, d'abord à l'état-major particulier du président de la République puis, à partir de 2002, en tant que chef d'état-major des armées. Sa mémoire est précieuse. Et fort opportunément, il s'amuse à nous rappeler une décision importante prise en février 1996 par Jacques Chirac, dans le Salon vert. Nous l'avions oubliée alors qu'elle a changé la vie de millions de jeunes gens : la suspension du service militaire.

Le chef de l'État promeut en effet l'idée d'une professionnalisation des armées. « Attention pourtant à bien utiliser le terme suspension et pas celui de suppression », sourit l'ancien soldat engagé dans les troupes de marine dès sa sortie de Saint-Cyr. Il poursuit : « Chirac savait que la pilule passerait mieux si on évitait le terme suppression. Et surtout, avec l'annonce d'une simple suspension, le président de la République ne liait pas les mains de ses successeurs en cas de conflit armé en France », nous précise le haut gradé, auteur de l'ouvrage *Les Ors de la République*, paru en 2021. Seize mois plus tard, la loi du 28 octobre 1997, votée par la gauche plurielle alors majoritaire à l'Assemblée nationale en cette période de cohabitation, supprime le service militaire obligatoire.

Jacques Chirac avait déjà plaidé en ce sens quelques mois auparavant : « La conscription traditionnelle ne répond plus aux exigences d'une armée moderne dans un grand pays moderne. » On comprend mieux l'insistance du général Bentégeat à nous remettre en mémoire cet épisode qui continue à faire du bruit dans les casernes. C'est bien d'histoire militaire qu'il s'agit. Le 5 septembre 1798, un homme, Jean-Baptiste Jourdan, futur maréchal d'Empire, faisait adopter une loi par le Conseil des Cinq-Cents, l'une des deux assemblées législatives du Directoire. Le texte institue la conscription et le service militaire obligatoire. À la tribune, Jourdan, solennel, déclara : « Tout Français est soldat et se doit à la défense de la patrie. » Il en fut décidé autrement deux siècles plus tard dans le Salon vert.

D'une pendule l'autre

Non, contrairement à ce qu'il a affirmé à plusieurs reprises, Emmanuel Macron n'est pas le « maître des horloges », du moins pas à l'Élysée. Au palais, c'est une femme, Yohanna Arvaud, qui règne sur la soixantaine de pendules installées dans les divers salons. Sur la carte de visite en vélin présentée par la jeune femme, une calligraphie tout en pleins et déliés mentionne avec élégance : « Société des établissements Arvaud, *Horlogers de la présidence de la République* ».

Passionnée par son métier comme l'étaient, avant elle, son père et son grand-père, Yohanna Arvaud n'a pas hésité, il y a quelques années, à reprendre l'entreprise familiale. L'horlogère, dont l'art de l'exactitude semble avoir conquis Paris, veille aussi sur les cadrans du quai d'Orsay, du ministère de l'Éducation nationale, de la Cour de cassation, du musée du Louvre, du Panthéon et de nombreuses ambassades étrangères. Forte de son expérience, elle conquiert appel d'offres sur appel d'offres.

Chaque mardi matin, la jeune femme se rend dès 6 h 30 à l'Élysée pour vérifier les horloges prêtées au palais par le Mobilier national, héritier de l'ancien Garde-Meuble impérial et royal. L'établissement public français, et c'est une fierté, possède la plus vaste collection de pendules au monde, plus de 1 100 annoncées à son inventaire et toutes réalisées par les artisans d'art les plus doués de leur époque.

La tournée de Yohanna lui prend environ 90 minutes mais se prolonge lors des passages à l'heure d'été et à l'heure d'hiver, qui nécessitent d'avancer ou de retarder l'ensemble des mécanismes.

Une fois dans la place, la spécialiste commence par l'étage : d'abord le Salon vert, ensuite le Salon doré, domaine réservé du chef de l'État, puis le bureau du secrétaire général, et enfin celui du secrétaire général adjoint. Respectueuse du protocole, Yohanna Arvaud demande toujours à être escortée par un huissier, quand elle fait le tour de ces pièces clés, n'imaginant pas un instant se retrouver seule dans le bureau du président de la République. Le Salon doré est l'un des rares endroits du palais à disposer en permanence de deux horloges : la première est placée sur la cheminée, la seconde sur le bureau même du président de la République. Il s'agit d'une pendulette dite d'officier, agrémentée d'un cadran sur ses deux faces et signée Lepaute, une grande dynastie d'horlogers. Cette particularité permet aux interlocuteurs du chef de l'État de voir l'heure tourner. « Ces mini-pendules étaient offertes par Napoléon Ier à ses officiers pour qu'ils soient toujours ponctuels à la guerre », aime raconter l'horlogère. Ce stratagème militaire est notamment utilisé lors des Conseils de ministres. Tous les mercredis matin, une pendulette d'officier identique est disposée au centre de la longue table du Salon Murat où se réunit souvent le gouvernement, ce qui permet à chacun de ne pas outrepasser son temps de parole.

Dans les bureaux nichés aux étages supérieurs, les pendules n'ont pas toujours la cote auprès de la nouvelle génération de conseillers, plutôt accros aux montres connectées et guère habitués au son entêtant du tic-tac. « C'est parce qu'ils n'ont pas grandi dans des maisons où, comme dans les années 1960, l'horloge rythmait la vie, estime la jeune femme. Mais beaucoup, se rassure-t-elle, apprécient l'esthétisme de l'objet. » Peut-être moins nombreuses à l'avenir, les horloges ne disparaîtront jamais du palais, elle en est persuadée.

Enfant, il est arrivé à Yohanna Arvaud d'accompagner son père à l'Élysée. Le cœur lui battait fort lorsqu'elle franchissait le portail de la rue du Faubourg Saint-Honoré. « Un monde féerique s'offrait à moi », sourit-elle en y repensant. La petite fille de 7 ans gardait alors bien en tête la consigne mille fois répétée à la maison : « Yohanna, tu ne dois pas marcher sur les graviers de la Cour d'honneur, tu dois faire le tour par les coursives pavées. » C'est la tradition, en effet : aucun visiteur n'est autorisé à fouler ce gravier ratissé avec soin. À l'entrée, les gardes républicains ne manquent jamais de le rappeler. Les petits cailloux ne peuvent crisser que sous des pieds illustres ou sous les pneus de berlines d'hôtes de marque.

Passée par l'École horlogère de Paris, Yohanna a repris l'atelier familial de la rue du Cherche-Midi, dans le VIe arrondissement de Paris, après s'être spécialisée dans l'horlogerie ancienne. La plus prestigieuse. Mais aussi la plus exigeante. Elle dispose d'une accréditation officielle du Mobilier national. Ce précieux sésame l'autorise à manipuler les pendules du palais, pour la plupart artefacts des XVIIIe et XIXe siècles. Toutes sont posées sur des cheminées. La surface lisse et régulière du marbre permet de ne pas faire osciller leur fragile balancier à l'inverse, par exemple, du plateau d'une commode dont on ouvrirait sans arrêt les tiroirs.

Que faire néanmoins si l'envie prenait le locataire de l'Élysée de faire une flambée ? Cette idée a toujours été combattue par Bernadette Chirac quand elle régnait d'une main de fer sur l'intendance du palais. La châtelaine de Sarran, en Corrèze, avait terriblement peur d'un départ d'incendie. Une préoccupation largement partagée par la jeune horlogère, effrayée à l'idée que la suie n'encrasse les mécanismes de ses délicates protégées.

Yohanna Arvaud connaît bien les deux pendules qui se sont succédé depuis plus de quarante ans sur la cheminée de marbre blanc du Salon vert. « Minerve » y fait son entrée en 1981, lors de l'élection de François Mitterrand, et y restera jusqu'en 2019, deux ans après l'arrivée au pouvoir d'Emmanuel Macron. « Phaéton sur son char », aussi appelé « La grande chute », prend ensuite le relais, et orne encore aujourd'hui la pièce.

Dans l'Antiquité romaine, Minerve était la déesse de la pensée élevée, de la sagesse, de l'intelligence, de la réflexion stratégique et du savoir-faire tactique. Une égérie idéale pour un chef d'État. Elle est la version latine d'Athéna, à laquelle les Grecs prêtaient les mêmes qualités. La pendule si chère à François Mitterrand représente la déesse casquée tenant d'une main un bouclier paré de signes astrologiques, et de l'autre une lance guerrière se terminant par un caducée décoré de feuilles de laurier. Un modèle semblable à celui du Salon vert, mais en parfait état, a été mis aux enchères en juin 2017 sous les auspices de Philippe Rouillac, le médiatique commissaire-priseur qui officie à Vendôme. Le catalogue de la vente précisait que la déesse – finalement adjugée 37 000 euros – avait été dessinée par l'un des plus importants bronziers français du XIXe siècle Gérard-Jean Galle (1788-1846), très apprécié par Napoléon Ier. La Minerve de l'Élysée date de l'Empire, il n'y a aucun doute à ce sujet.

En comparant les deux pièces d'horlogerie, Philippe Rouillac s'est aperçu combien la pendule élyséenne avait perdu sa patine. Minerve avait même brisé sa lance ! Le caducée en bronze doré de ses débuts avait de longue date disparu lui aussi. Après avoir bien servi la patrie en donnant l'heure exacte dans des palais impériaux, royaux, puis républicains, Minerve méritait une juste retraite.

En 2019, le président du Mobilier national Hervé Lemoine, proche d'Emmanuel et de Brigitte Macron, fait au couple présidentiel une série de propositions pour renouveler l'ameublement des salons de l'Élysée. Minerve, fille de Jupiter, quitte alors le Salon vert. Emmanuel Macron la voit-il partir à regret, lui qui avait expliqué dans un entretien au magazine *Challenge*, en octobre 2016, que la France avait besoin d'un « chef de l'État jupitérien » ? Rangée dans les ateliers du Mobilier national à Paris pour y être rénovée, la pendule casquée est remplacée par « Phaéton sur son char ». Naguère monté sur une boîte à musique, l'objet a longtemps trôné sur la cheminée du salon des ambassadeurs au rez-de-chaussée de l'Élysée.

Entièrement ciselée et dorée, la pendule, dont le mécanisme est l'œuvre de la maison Breguet, a été dessinée au tout début du XIXe siècle. Si l'on suit sa trace, elle est réputée avoir figuré à l'hôtel Bonaparte, rue des Victoires à Paris, quand le héros du pont d'Arcole n'était encore que Premier consul. Vers 1800, elle rejoint le pavillon de Flore aux Tuileries, puis entre au Palais-Royal en 1856 afin d'y décorer un salon occupé par Jérôme Bonaparte, le plus jeune frère de Napoléon.

Aujourd'hui, « Phaéton sur son char » régule le temps du Salon vert et, du haut de la cheminée, il assiste aux réunions présidées par Emmanuel Macron. Pour les amateurs de mythologie grecque, l'image ne peut manquer de faire sourire car la pendule, ils le savent bien, évoque la fin tragique d'un jeune téméraire. Phaéton, fils d'Hélios, le dieu du Soleil, supplia un jour son père de le laisser conduire son magnifique char tiré par quatre fougueux chevaux ailés. En dépit de ses réticences, Hélios finit par céder et lui confia les rênes du char du soleil. Phaéton, incapable de le maîtriser, enflamma l'univers, provoquant le courroux de Zeus. Le maître de l'Olympe foudroya alors l'attelage et Phaéton chuta dans les océans.

Le poète latin Ovide, qui en fit un récit élaboré, y vit la métaphore d'un homme présomptueux impatient de conduire les affaires de l'État.

On ne se méfie jamais assez des pendules et c'est un tort. Yohanna Arvaud le sait bien, elle qui les ausculte avec toute la minutie nécessaire. Un jour dans son atelier, alors qu'elle rénovait une ancienne horloge datant du XVIIIe siècle, la restauratrice discerna une inscription gravée sur un ressort. Elle l'examina à la loupe et put lire l'insolent « *Mort au Roi !* ». Un ouvrier horloger au tempérament révolutionnaire avait dissimulé là son appel au régicide. Pauvre Louis XVI, qui avait tant caressé le rêve insensé que toutes les pendules de Versailles sonnent, un jour, au même instant.

Face à face

Ce mardi 28 août 2018, quand il s'envole pour Copenhague, Emmanuel Macron a les nerfs en pelote. Furieux, il est furieux ! Les mots prononcés une heure plus tôt sur la matinale de France Inter par son ministre de la Transition écologique, Nicolas Hulot – rappelons-les : « Je vais prendre la décision la plus difficile de ma vie, je ne veux plus me mentir (...). Je prends la décision de quitter le gouvernement, aujourd'hui » –, tournent en boucle dans sa tête. Le chef de l'État n'en revient toujours pas. Nicolas qu'il croyait être son ami, Nicolas qu'il a mis tant de temps à apprivoiser, Nicolas l'a abandonné sans prévenir. Pas un coup de fil, rien ! Lui, Emmanuel Macron, président de la République, prendre connaissance de ce départ surprise en même temps que les trois millions d'auditeurs de Léa Salamé et de Nicolas Demorand. Quelle humiliation…

Dans l'avion, c'est le branle-bas de combat. Juste avant le décollage, le chef de l'État échange avec Édouard Philippe, son Premier ministre tout aussi abasourdi. Et maintenant, entouré de ses conseillers, Emmanuel Macron réfléchit à la stratégie à adopter. Quand Nicolas Hulot se tenait à ses côtés, le nouveau président des Français avait promis, parodiant Donald Trump, de « *Make our planet great again* ». Comment éviter désormais que la désertion du plus populaire des défenseurs de l'environnement ne détourne de l'Élysée les électeurs macronistes à la fibre verte ? Et, plus urgemment, comment préserver du tumulte sa visite d'État au Danemark, la première depuis François Mitterrand ? Les liens entre les deux pays sont solides et, à Copenhague, la reine Margrethe II, descendante de la première épouse de Napoléon Ier, Joséphine de Beauharnais, se réjouit de recevoir en son palais d'Amalienborg Brigitte et Emmanuel qu'elle apprécie tant. Pour l'occasion, les hussards de la garde ont d'ailleurs revêtu leur uniforme d'apparat et sont impatients de rendre les honneurs au couple élyséen.

Mais, comme l'entourage présidentiel le redoutait, la première question posée à Emmanuel Macron lors de la conférence de presse conjointe avec le Premier ministre danois, Lars Løkke Rasmussen, concerne « l'affaire », bien évidemment. « C'est une décision personnelle que Nicolas Hulot a prise ce matin, et si je l'ai choisi il y a quinze mois, c'est parce qu'il est, entre autres, un homme libre et donc je respecte sa liberté », répond sans animosité le chef de l'État français, vantant, dans la foulée, le sérieux de sa politique écologique : « Je pense qu'en quinze mois, ce gouvernement a fait plus qu'aucun autre dans la même période sur le sujet. » Les éléments de langage semblent au point. Pas tout à fait, en réalité.

Le philosophe grec Héraclite d'Éphèse a eu raison de dire que « le caractère de l'homme est son destin », et celui d'un Emmanuel Macron lorsqu'il est énervé conduit à de sérieux dérapages. Ses multiples « punchlines » polémiques en témoignent.

On se souvient de certaines provocations : « Une gare, c'est un lieu où l'on croise les gens qui réussissent et les gens qui ne sont rien » prononcée fin juin 2017 à Paris, lors de l'inauguration de la Station F, l'un des plus grands incubateurs de start-up au monde. Trois mois plus tard, d'Athènes où il se trouve en voyage officiel, le président lance : « Je serai d'une détermination absolue et je ne céderai rien, ni aux fainéants, ni aux cyniques, ni aux extrêmes. » À Copenhague, le 29 août 2018, au lendemain de l'épisode France Inter qu'il n'a vraiment mais vraiment pas digéré, le chef de l'État s'emporte à nouveau. Encensant les mérites du modèle social danois et de sa fameuse flexi-sécurité de l'emploi, il déclare devant la communauté française : « Il ne s'agit pas d'être naïf, ce qui est possible est lié à une culture, un peuple marqué par son histoire. Ce peuple luthérien, qui a vécu les transformations de ces dernières années, n'est pas exactement le Gaulois réfractaire au changement ! » Ses opposants répliquent immédiatement. Le député LFI Alexis Corbière fustige « des propos d'une sottise confondante » tandis qu'à droite, l'élu Les Républicains Éric Ciotti rappelle, en tempêtant, que « l'esprit gaulois, c'est au contraire le génie français qui a inventé le cinéma, l'automobile ou le vaccin contre la rage ». Malgré les consignes de bienveillance fixées dans l'avion pour Copenhague, l'onde de choc Hulot s'est propagée jusqu'au petit royaume scandinave.

« Gaulois réfractaire » ? À qui pensait Emmanuel Macron avec cette expression d'un autre temps ? À Nicolas Hulot et à son refus de cautionner une politique gouvernementale que l'ancien animateur jugeait largement en deçà des enjeux climatiques ? Fort probable. Quoi qu'il en soit, cette saillie du chef de l'État peine à cacher un profond ressentiment, celui d'avoir été trahi par un ministre qu'il pensait loyal. Mais n'est-ce pas aussi la rancœur qui a conduit Nicolas Hulot à ne pas avertir le président de son départ ? Il faut écouter avec attention son interview sur France Inter. À un moment, il lâche d'une voix fébrile avoir décidé de démissionner la veille au soir, soit le lundi 27 août, après une réunion houleuse consacrée à la chasse et à la biodiversité qui s'est tenue à l'Élysée. Ce fut – à l'entendre – la goutte d'eau qui a fait déborder le vase. Ce jour-là, lui aussi s'est senti trahi. La reine de Danemark ne pouvait pas le savoir mais c'est dans le Salon vert que tout ce charivari a commencé.

En cette fin d'été, rendez-vous a été pris au palais présidentiel afin d'arbitrer les grandes lignes d'une réforme de la chasse lancée depuis plusieurs mois. Sur l'agenda, la rencontre est prévue à 16 heures. Mais tout se joue dans les minutes précédentes. À son arrivée à l'Élysée, Nicolas Hulot est persuadé qu'ils ne seront que six protagonistes à finaliser le dossier. Accompagné de son secrétaire d'État à la Biodiversité Sébastien Lecornu, il doit siéger, côté exécutif, auprès d'Emmanuel Macron flanqué, lui, de son jeune conseiller à l'environnement, Antoine Pellion.

Ont été conviés à les rejoindre le président de la Fédération nationale des chasseurs (FNC) Willy Schraen et le sénateur de la Côte-d'Or François Patriat, fervent défenseur des porteurs de fusil et fidèle soutien du chef de l'État. Mais un septième homme se présente à l'heure dite, le lobbyiste multicarte Thierry Coste, porte-voix, entre autres clients, des nemrods et des marchands d'armes de chasse. Ce fils de militaire n'a pas froid aux yeux et se targue auprès des journalistes d'être un mercenaire qui « va là où ça paie le mieux » (*sic*).

Dès lors, deux versions s'opposent. Nicolas Hulot affirmera le lendemain sur France Inter que, comme l'Élysée l'en avait assuré, Thierry Coste ne devait pas être là tandis que ce dernier jure ses grands dieux qu'il avait été officiellement invité et que le ministre de la Transition écologique le savait parfaitement. « D'ailleurs nous nous saluons poliment avant d'entrer dans le Salon vert », nous garantit le lobbyiste qui tutoie Emmanuel Macron comme il tutoyait François Hollande. L'homme se plaît à afficher ses complicités présidentielles.

Thierry Coste ne supporte pas Nicolas Hulot. Dans son livre *Le Plan secret de nos élites contre le monde rural* paru en octobre 2023, il l'appelle « le sieur Hulot » et avoue sa détestation d'un « personnage donneur de leçons, toujours le visage triste et surtout centré sur lui-même ». Cette animosité est réciproque. Le militant écologiste se méfie de Thierry Coste et, évoquant au micro de France Inter la venue controversée de ce dernier à la rencontre sur la chasse, il montre les dents : « C'est symptomatique de la présence des lobbies dans le cercle du pouvoir. Il faut à un moment ou à un autre poser ce sujet sur la table car c'est un problème de démocratie. Qui a le pouvoir ? Qui gouverne ? » Nicolas Hulot a dû se sentir véritablement humilié.

Ce lundi 27 août, à 16 heures, quand le président de la République accueille dans le Salon vert les participants à ce rendez-vous cynégétique, c'est peu dire que l'ambiance est glaciale. Chacun prend place autour de la longue table rectangulaire. Emmanuel Macron a pour vis-à-vis Willy Schraen, tandis que Thierry Coste et Nicolas Hulot se font face. « Je voulais rentrer dans la bulle du ministre et guetter la moindre de ses réactions », raconte le conseiller de la FNC.

Débute alors un long chemin de croix pour le ministre de la Transition écologique qui découvre au fil des échanges que les points majeurs abordés – la division par deux du prix du permis de chasser, de 400 à 200 euros, la révision des quotas d'espèces prélevées, la création d'un fonds dédié à la biodiversité dont la conduite est confiée aux nemrods (l'écocontribution) – ont déjà été avalisés en amont, lors de briefings où il n'a pas été convié. Les chasseurs acceptent bon gré mal gré la fusion de l'Agence française pour la biodiversité (AFB) et de l'Office national de la chasse et de la faune sauvage (ONCFS) qui doivent être réunis au sein de l'Office français de la biodiversité (OFB) afin d'assurer une meilleure gestion de la police de l'environnement. Mais au final, la FNC peut crier victoire car les campagnes réclamaient depuis longtemps une baisse du prix du permis de chasser.

En revanche, pendant ces deux heures interminables, Nicolas Hulot a le sentiment de passer de ministre chargé du dossier en discussion à simple spectateur des ultimes tractations en cours. Le voyant « se fermer comme une huître », Thierry Coste, amusé, pousse la provocation jusqu'à montrer au président de la République le dernier numéro du *Chasseur français* où un sondage révèle qu'Emmanuel Macron est l'homme politique préféré des lecteurs du magazine. Mais le lobbyiste se garde bien de passer la revue à son rival tant méprisé, assis à la gauche d'Emmanuel Macron.

Aux yeux de Nicolas Hulot, cette séance cauchemardesque imposée par le chef de l'État est impardonnable. Lui cacher, le lendemain, sa démission est en quelque sorte la réponse du berger à la bergère. Une interrogation demeure néanmoins : comment l'écologiste a-t-il pu s'illusionner sur l'issue des négociations dans le Salon vert ? Comment n'a-t-il pas pressenti que le président de la République allait faire les yeux doux aux chasseurs et à leur porte-flingue Thierry

Coste ? Deux événements auraient dû l'alerter, pourtant.

Le premier a lieu le 14 mars 2017 lorsque le jeune et inattendu candidat à la magistrature suprême, Emmanuel Macron, vient présenter – comme d'autres prétendants l'ont fait avant lui – son programme électoral aux chasseurs réunis en congrès. La vidéo est encore disponible aujourd'hui sur le site de la FNC. Thierry Coste accueille « Emmanuel » et le tutoie, on dirait des copains d'avant. Puis l'invité, pressé de rappeler ses origines picardes « où l'on chasse plutôt la plume », se lance : « Je veux porter un discours de développement de la chasse. C'est un mode de vie et pas simplement un loisir. Ne pas comprendre cela c'est méconnaître l'identité des Français (...). La chasse a partie liée avec la ruralité et je veux être le candidat des territoires. » Le candidat a beau ne pas être chasseur lui-même, l'auditoire est aux anges.

Le second événement dont Nicolas Hulot aurait dû se souvenir prend place neuf mois plus tard. Emmanuel Macron devenu président de la République donne alors un gage de fidélité à ses amis porteurs de fusil. Aucun chef de l'État depuis

Valéry Giscard d'Estaing, grand amateur de safari, n'avait fait un tel geste. Vendredi 15 décembre 2017, à la nuit tombée, le président assiste au tableau de chasse d'une battue de régulation, à Chambord. Une vingtaine de sangliers tués durant la journée lui sont présentés au carrefour de l'allée du Roi, ainsi nommée car c'est par elle que François Ier rentrait au château après ses chasses dans le domaine.

Emmanuel Macron en costume bleu marine écoute, frigorifié, les sonneurs de trompe rendre hommage au gibier tiré par une quarantaine de chasseurs. Présents, Willy Schraen et Thierry Coste sont ravis. L'instant aurait dû rester confidentiel. Le président a prévu un week-end privé. Son épouse Brigitte a loué deux gîtes en forêt pour fêter en famille les 40 ans de son époux et devancer la veillée de Noël. « Pas de photos ! » avaient ordonné les conseillers de l'Élysée prévenus du spectacle cynégétique en cours et inquiets de possibles réactions des opposants à la chasse. Mais Willy Schraen ne résiste pas à l'envie de laisser poster une image de la scène royale sur le compte Twitter de la FNC. Le cliché fait le tour des rédactions. Il n'a pas pu échapper à Nicolas

Hulot, dûment averti qu'entre Emmanuel Macron et les chasseurs, c'était du sérieux.

La réunion dans le Salon vert fut la réunion de trop, c'est une certitude. Mais elle n'explique pas tout, contrairement à ce que laisse entendre Pierre Charon, lui-même grand fusil, et ancien sénateur Les Républicains (LR) de Paris questionné sur Thierry Coste, dans *Le Monde* daté du 2 novembre 2023 : « Moi, sur mon tableau de chasse, j'ai des têtes de gibier, lui, il a une tête de ministre. »

Pas si simple. Et si l'on parlait réchauffement climatique ? L'été 2018 fut meurtrier. Des méga-incendies ont ravagé la Californie et, au nord du cercle polaire arctique, le thermomètre a frôlé les 34 degrés. Quand il rentre, fin août, de vacances, Nicolas Hulot est convaincu que « la politique des petits pas » menée par le gouvernement d'Édouard Philippe dont il occupe, depuis quatorze mois, le troisième rang protocolaire, ne suffit pas. « Ça ne fonctionne pas comme ça devrait fonctionner », reconnaît-il sur France Inter, le 28 août. En réalité, sa démission couvait depuis des semaines, l'épisode du Salon vert l'a définitivement convaincu qu'il devait partir. « C'est une décision d'honnêteté et de responsabilité », déclare-t-il alors.

Dans *Impressions et lignes claires,* un livre coécrit en 2021 avec son complice juppéiste Gilles Boyer, Édouard Philippe convient sans rancœur que Nicolas Hulot, malheureux, s'accommodait mal des compromis nécessaires à l'exercice du pouvoir. « Il luttait contre la fin du monde (...) et vivait son quotidien comme un calvaire, ce qui sur la durée n'est pas tenable », juge l'ancien Premier ministre, guère étonné par ce départ précipité.

Le 24 novembre 2021, Nicolas Hulot annonce se retirer définitivement de la vie publique, devançant d'un jour la diffusion d'*Envoyé spécial* où quatre femmes l'accusent d'agressions sexuelles, des faits que l'ancien animateur nie catégoriquement. Dix mois plus tard, l'enquête le visant est classée sans suite pour prescription.

L'écho de son expérience politique malheureuse n'est pas le seul à résonner dans le Salon vert. Un autre militant, et non des moindres, y a aussi renoncé à ses espérances : Arnaud Montebourg.

Si Nicolas Hulot a démissionné en direct sur une radio, Arnaud Montebourg, lui, l'a fait en chanson. Le 25 août 2014, le ministre de l'Économie de François Hollande pénètre dans le bureau du Premier ministre Manuel Valls à Matignon, s'assied face à lui et entonne un tube des Doors, « The End », que Francis Ford Coppola avait choisi en 1979 pour la bande-son d'*Apocalypse Now*. Face à un Manuel Valls médusé, il entonne le refrain :

> « *This is the end*
> *Beautiful friend*
> *This is the end*
> *My only friend, the end* »

L'entretien est vite écourté et de retour à Bercy, le désormais ex-ministre fait ses cartons dans la journée. Emmanuel Macron, l'ancien banquier d'affaires chez Rothschild, lui succède. Arnaud Montebourg a dépeint ces adieux spectaculaires dans *L'Engagement*, un livre paru en 2020 dans le but de raconter son « odyssée furieuse à l'intérieur d'une machine infernale », lit-on dès les premières lignes de l'ouvrage.

L'ancien avocat au langage haut en couleur est l'un des premiers à nous recevoir pour évoquer le Salon vert. Pour lui, comme pour Nicolas Hulot,

« sa volonté de quitter la scène, quand il n'est plus possible de jouer la comédie » a germé dans cette pièce de l'Élysée qu'il décrit par une sorte de tirade à la Cyrano de Bergerac. Connaisseur : « C'est le club des grands ministres » ; sérieux : « C'est le lieu des choix politiques majeurs » ; vindicatif : « Avec des rivaux autour de vous, c'est un tribunal ! » ; en colère « C'est la baston ! » ; triste : « C'est le lieu de mes ambitions perdues ».

Arnaud Montebourg y a en effet perdu deux batailles majeures.

En 2012, nommé ministre du Redressement productif dans le gouvernement de Jean-Marc Ayrault, le militant socialiste ne cesse de rechercher des solutions, même les plus iconoclastes, pour préserver l'industrie tricolore et ses emplois en chute libre depuis cinquante ans. Mais François Hollande, avec qui l'ancien président du conseil général de Saône-et-Loire estime être « en cohabitation », ne le soutiendra guère. Quelques jours avant son départ en août 2014, Montebourg se décrira alors, lui et ses conseillers, comme « les pompiers épuisés de l'économie ».

Sa première déconvenue concerne Florange. Implanté dans la vallée de la Fensch, le site est l'un des symboles de la Lorraine, cœur d'acier. En octobre 2011, Lakshmi Mittal, président du groupe sidérurgique ArcelorMittal, décide une mise en veille « temporaire » des deux hauts fourneaux dont il est propriétaire. Le patron indien avait déjà fermé en 2009 le site voisin de Gandrange, arguant que l'acier n'était plus une valeur sûre en bourse. À Florange, on craint le pire.

En campagne électorale, Nicolas Sarkozy et François Hollande assurent aux métallos qu'ils ne lâcheront rien. Personne n'a oublié les images de François Hollande juché sur le toit de la camionnette de l'intersyndicale le 24 février 2012, à Florange. Devant des milliers d'ouvriers qui l'acclament et avec qui il a partagé un sandwich-merguez, le candidat s'engage à faire passer une loi visant à sauver leur outil de travail : toute grande compagnie qui veut se délester d'une unité de production sera obligée de la céder à un repreneur pour éviter son démantèlement. Las ! Certes une « loi Florange » sera bien adoptée en février 2014 mais ses dispositions seront bien en deçà de celles annoncées deux ans plus tôt.

Chargé du dossier depuis son entrée au gouvernement, Arnaud Montebourg s'active. S'inspirant de l'exemple américain de General Motors nationalisé partiellement lorsque le géant automobile était au bord de la faillite, il propose en novembre 2012 le même dispositif pour sauver les hauts fourneaux lorrains. Emmanuel Macron, alors secrétaire général adjoint de l'Élysée, s'en amuse et lui rétorque : « Les nationalisations, c'est Cuba sans le soleil. »

L'arbitrage décisif a lieu le mardi 27 novembre 2012 dans le Salon vert. Lakshmi Mittal est venu avec ses proches conseillers. François Hollande est notamment entouré de Pierre-René Lemas, secrétaire général de l'Élysée, et d'Emmanuel Macron. Arnaud Montebourg n'a pas été invité. De nationalisation temporaire, il n'est plus question, les négociations concernent surtout les conditions de fermeture des deux hauts fourneaux. Le lendemain, Jean-Marc Ayrault est chargé par François Hollande de finaliser le dossier, c'est-à-dire le plan social et la promesse faite par Mittal d'investir 180 millions d'euros sur le reste du site de Florange. Le 30 novembre, le Premier ministre confirme devant les caméras les choix arrêtés. Désavoué, Arnaud Montebourg se rend à l'Élysée le samedi 1er décembre et présente sa démission à François Hollande mais ce dernier le convainc de rester. Même s'il se sait déjà « démonétisé », le défenseur de Florange accepte de poursuivre l'aventure « à son poste de combat » pour se battre de l'intérieur, écrit-il dans *L'Engagement*.

Il restera encore près de vingt-deux mois au gouvernement. S'il vient chanter sa démission le 25 août 2014 à Manuel Valls qui a succédé à Jean-Marc Ayrault, c'est qu'il se sent comme « un pantin désarticulé » après son second échec lié à l'affaire Alstom, « ma plus grosse bagarre dans le Salon vert », nous livre-t-il. Celle-ci a lieu le 20 juin 2014, à 15 heures. Pour faire simple, Arnaud Montebourg s'oppose alors à la vente programmée du champion français de l'énergie à l'américain General Electric (GE). Les circonstances du rachat sont, selon lui, entachées de lourds soupçons liés à l'intervention de Washington, prêt à tout pour s'emparer des pépites industrielles européennes. De Bercy, il a concocté après des semaines de pourparlers une solution alternative articulée autour du couple germano-nippon Siemens-Mitsubishi. Ce 20 juin, alors que le feuilleton Alstom commence à passionner les rédactions, François Hollande écoute patiemment sa plaidoirie. Le président est entouré de son camarade de promotion à l'ENA Jean-Pierre

Jouyet, secrétaire général de l'Élysée, assisté de son adjoint Emmanuel Macron en bras de chemise blanche, et du ministre des Finances Michel Sapin. Tous acquis à la position du palais. À la fin de la longue intervention de son tonitruant membre du gouvernement, le chef de l'État tranche en faveur de la proposition américaine à 12,4 milliards d'euros. Emmanuel Macron ne pipe mot.

Pour Arnaud Montebourg, comme ce fut le cas pour Nicolas Hulot, c'est la goutte d'eau qui fait déborder le vase. Après un été à méditer sur Florange et Alstom, deux défaites si révélatrices de son malaise grandissant au sein de l'équipe gouvernementale, il invite son collègue et ami Benoît Hamon, ministre de l'Éducation nationale, à venir à Frangy, petite bourgade de Bourgogne, pour la très socialiste fête de la Rose. Benoît Hamon est, lui aussi, exaspéré par la ligne politique du couple exécutif Hollande-Valls.

Ce 24 août, à Frangy, les invités découvrent une offre vinicole bien spéciale. Sur les bouteilles, les étiquettes présentent « la cuvée du redressement de la France ». Un journaliste interroge à ce sujet Arnaud Montebourg qui lui répond, hilare : « J'enverrais bien au président une bonne bouteille de la cuvée du redressement. » Ce sera sa dernière provocation. Benoît Hamon quitte aussi le gouvernement tout comme la ministre de la Culture Aurélie Filippetti, alliée de ses deux camarades socialistes.

Quant au bilan économique de l'opération Alstom scellée dans le Salon vert, il est plutôt catastrophique. Des milliers d'emplois ont été supprimés alors que GE avait promis d'en créer, sur le site historique de Belfort notamment. En réalité, le géant américain s'est effondré. Le 9 novembre 2021, la firme créée en 1889 par Thomas Edison est même obligée de se scinder en trois entités, mettant ainsi fin à la légende dorée de cet énorme conglomérat industriel, symbole de la puissance des États-Unis. Comble de l'ironie, les turbines nucléaires vendues en 2014 par Alstom à GE devraient – en principe – bientôt repasser sous pavillon français. EDF s'en est porté acquéreur et a signé, en février 2022, un accord d'exclusivité avec l'entreprise américaine pour finaliser ce rachat. En déplacement à Belfort, le président de la République Emmanuel Macron s'était alors félicité de ce pacte franco-américain face à des ouvriers d'Alstom désabusés et pour le moins perplexes…

Au travail !

« L'idée, c'est qu'ils soient serrés comme des sardines. N'hésitez pas à mettre en scène une opération commando, en quelque sorte… » À l'Élysée, on sourit encore de cette étonnante consigne donnée au palais, le 11 janvier 2024, quelques heures après la nomination du gouvernement du jeune Gabriel Attal choisi pour remplacer Élisabeth Borne à Matignon.

Une escouade prête au combat, le « pack de France », diraient les amateurs de rugby, voilà comment devaient apparaître les quatorze membres de l'équipe gouvernementale réunis lors du premier Conseil des ministres tenu dès le lendemain, rue du Faubourg Saint-Honoré. « Afin de peaufiner ce sentiment de QG de campagne, nous avons aussi décidé de parier sur l'endroit le plus proche du bureau du chef de l'État pour montrer combien ce dernier souhaitait avoir ses forces vives à portée de main, au premier étage de l'Élysée », se souvient un conseiller. Vendredi 12 janvier 2024, c'est donc dans le Salon vert qu'il est décidé de convier les troupes du président de la République plus marquées à droite qu'auparavant, avec l'arrivée inattendue de Rachida Dati et de Catherine Vautrin. La première fut ancienne ministre de Nicolas Sarkozy, la seconde de Jacques Chirac.

La pièce est plus petite que l'interminable Salon Murat, habituel refuge des conseils des ministres, situé, lui, au rez-de-chaussée du palais. De plus *Eléphantasque*, la table rectangulaire du Salon vert, a été conçue pour accueillir, au mieux, seize personnes. Quatorze ministres encadrés par les deux têtes de l'exécutif, Emmanuel Macron et Gabriel Attal. Le compte est bon ! Les sardines sont en place et bien serrées, comme exigé. Il ne manquait plus que de belles images pour immortaliser ce matin républicain et le dévoiler aux Français. Plusieurs journalistes conviés par l'Élysée photographient et filment les premières secondes de cette séance officielle. Sur les chaînes d'information, on entend juste quelques mots prononcés par le chef de l'État : « Voilà le gouvernement rassemblé. Au travail ! » Puis, après avoir remercié les reporters présents pendant ce court moment, le président demande à ce que les portes du cénacle se referment.

En réalité, Emmanuel Macron n'est pas le seul président de la République à avoir choisi le Salon vert pour gouverner en format réduit. Le général de Gaulle y a, lui aussi, dirigé des Conseils de ministres restreints, mais ce clin d'œil complice au chef de la France libre échappe ce 12 janvier à la plupart des commentateurs plutôt fascinés par le décor inédit qui s'offre à leurs yeux. La presse nationale et régionale s'interroge et analyse : une nouvelle pièce pour un nouvel élan ? Le Salon vert, symbole d'un second quinquennat plus offensif ? Macron passerait-il à l'attaque ? Afin de nourrir cette idée d'un grand bond en avant, l'Élysée laisse filtrer deux ou trois mots d'ordre lancés au nouveau gouvernement, hors caméras, par le chef de l'État : « Je ne veux pas de ministres qui administrent, je veux des ministres qui agissent », suivi d'un « je ne veux pas de gestionnaires, je veux des révolutionnaires ». Pour lâcher, in fine, « je ne veux pas d'états d'âme, je veux des états de service ». Dans la foulée, le palais fait savoir à l'Agence France Presse que, « dorénavant, les réunions ministérielles se tiendront dans le Salon vert ».

Réunir le gouvernement dans la pièce contiguë à son bureau facilite de toute façon la vie d'Emmanuel Macron, à en croire les propos de l'un de ses fidèles relatés dans *L'Express,* quelques jours après le premier meeting de l'équipe Attal : « Le chef de l'État n'y est pas embêté par une foultitude de ministres qui lui envoient des messages longs comme le bras ! », révèle l'hebdomadaire. Cet « indiscret », comme on dit dans le métier, tombe à pic. La confidence recueillie souligne, une fois encore, l'urgence à ne plus perdre de temps.

Quatre semaines plus tard, le 8 février, une seconde vague de nominations porte le gouvernement à un total de 35 ministres et secrétaires d'État. Le mercredi suivant, pour des raisons surtout logistiques, l'équipe au complet est cette fois rassemblée dans le Salon Murat, autour de la longue table blanche appelée *Medulla*, dont l'une des particularités est d'être extensible à loisir. Pour autant, ce retour au rez-de-chaussée du palais semble loin d'être définitif. L'ensemble des ministres n'étant, en effet, pas tenu d'assister aux rendez-vous hebdomadaires organisés à l'Élysée, le Salon vert reste perçu comme « the place to be ». « C'est un lieu auquel le président de la République est particulièrement attaché » confirme Hervé Lemoine, président du Mobilier national et familier du couple élyséen. « Comme d'autres pièces du palais, il a été restauré et redécoré. Le chef de l'État aime y tenir de nombreuses réunions, c'est certain. »

Par ailleurs, l'heure n'est-elle pas propice à cette ambiance « commando » ? Directeur du département Opinion et stratégies d'entreprises de l'IFOP, Jérôme Fourquet en convient tout à fait. Le politologue dont le dernier ouvrage s'intitule *La France d'après*, voit en 2024 un millésime bien spécial. « L'année est largement française. Nous allons célébrer le 80e anniversaire du débarquement allié en Normandie, organiser les jeux Olympiques puis rouvrir début décembre Notre-Dame de Paris dont l'incendie en 2019 avait choqué le monde entier. C'est du lourd ! Tout le monde se doit d'être sur le pont, surtout en ces temps de recrudescence de la menace terroriste », nous décrypte l'analyste.

Et s'il n'y avait que cela ! Les élections européennes du 9 juin également au programme de cette année 2024 et la guerre en Ukraine dont l'issue est indécise, mobilisent tout aussi fortement l'Élysée. « Le président de la République ne peut pas se prendre les pieds dans le tapis du scrutin européen en laissant le Rassemblement national largement distancer la liste de sa majorité menée par Valérie Hayer, une quasi inconnue. L'engagement envers l'Europe étant la colonne vertébrale du macronisme, le chef de l'État sait parfaitement qu'il doit s'impliquer dans ces élections », poursuit Jérôme Fourquet.

Quant au conflit ukrainien, le sondeur tout comme nombre d'observateurs a noté comment Emmanuel Macron prenait plaisir à se présenter en chef de guerre du monde libre. Le 26 février 2024, il le démontre par un coup d'éclat, en déclarant à Paris, lors d'un sommet international de soutien à Kiev, que « l'envoi de troupes en Ukraine ne pouvait pas être exclu », ajoutant ensuite « nous ferons tout ce qu'il faut pour que la Russie ne puisse pas gagner cette guerre ». Personne, avant lui, n'avait osé franchir cette ligne rouge. Avec un Trump rééligible en novembre prochain, un Joe Biden aux marges de manœuvre restreintes par des opposants républicains agressifs, et un chancelier allemand Olaf Scholz plutôt sur la réserve, le président français a tout loisir de jouer cette partition martiale. Il est le chef des armées, après tout.

Le Salon vert n'est pas sa seule arme. D'autres images illustrent ce scénario et quelles images ! Il est fort à parier que les deux clichés en noir et blanc pris fin mars 2024 par la photographe présidentielle Soazig de la Moissonnière et postés sur son compte Instagram figureront dans l'album souvenir du second quinquennat du chef de l'État. Réalisées à la salle de sport de la Lanterne, la résidence versaillaise où le couple présidentiel aime passer ses week-ends, ces photos le font apparaître en boxeur à l'entraînement. Mâchoires serrées, regard déterminé, biceps gonflés et tendus, Emmanuel Macron cogne violemment sur un sac de frappe. Édouard Philippe, son ex-Premier ministre et probable candidat à l'élection présidentielle de 2027, est averti : il n'est pas le seul à pratiquer ce sport de combat.

Face aux sarcasmes et aux montages photo qui inondent alors les réseaux sociaux, l'Élysée explique que le président âgé de 46 ans souhaite brandir l'étendard d'une France sportive et au taquet pour recevoir les JO cet été. C'est de loin le parallèle avec Poutine qui va malgré tout l'emporter. Qui a pu oublier les images du maître du Kremlin torse nu à cheval, ou à la pêche en Sibérie, réussissant à tirer hors de l'eau un brochet de 21 kg ? La presse étrangère ne s'y trompe pas. Cinéphile, le quotidien suisse de langue allemande *Tages-Anzeiger* s'amuse : « Rocky Macron enverrait-il un message à Poutine ? » Outre-Manche, le *Daily Telegraph* publie l'un des clichés à sa une, et le légende par « *Macron flexes his ultimate virility* » – Macron exhibe sa virilité. L'article du quotidien britannique insiste sur la métamorphose en cours du président français qui, concernant le dossier ukrainien, passe de colombe à faucon, selon le journal.

En réalité, on ne peut s'empêcher de coller l'étiquette de « *war room* » au Salon vert quand l'on s'intéresse au conflit entre Kiev et Moscou. Le président y a tenu de nombreuses réunions en petits comités. Et le jeudi 24 février 2022, à 16 h 30, c'est dans cette pièce qu'Emmanuel Macron s'entretient officiellement avec le président de l'Ukraine Volodymyr Zelensky, quelques heures après l'invasion de son pays par les forces russes. Les deux chefs d'État qui se tutoient s'appellent par leur prénom. Ils s'expriment ici en anglais. Aucun interprète n'est présent. Emmanuel Macron est entouré de deux conseillers dont Emmanuel Bonne, le chef du pôle diplomatique de l'Élysée. L'instant est historique. Il méritait d'être retranscrit.

VZ : Les Russes, c'est vraiment terrible ce qu'ils font. Ils ont des tanks, des avions déjà sur place. Et maintenant, ils sont dans Kiev, nous nous battons dans Kiev, Emmanuel ! On se bat partout sur notre territoire. Il y a des troupes russes partout…

EM : Ils ont des forces spéciales ? Des hélicoptères ?

VZ : Oui, des avions, des hommes, ils ont de tout.

EM : As-tu une idée du nombre de civils tués ?

VZ : Non ! Plusieurs milliers…

EM : Et toi, es-tu en sécurité ?

VZ : Oui, je pense !

EM : Tu penses ou tu es sûr ?

VZ : Oui, je suis sûr. (Long silence.) Je pense que personne n'est en sécurité à Kiev. C'est ce que je pense car on est encerclés par l'armée russe… (…) C'est inimaginable, ce n'est pas comme en 2014 [année de l'invasion de la Crimée par la Russie]. C'est plus, c'est beaucoup plus, beaucoup, beaucoup plus.

EM : C'est clair, c'est la guerre totale.

VZ : Oui, c'est la guerre totale. Donc, Emmanuel, je pense que c'est très important que tu parles avec Poutine. C'est très important d'organiser une coalition contre la guerre. On est sûrs que les leaders européens et Biden peuvent s'entendre et appeler Poutine pour lui dire Stop ! Il s'arrêtera, il vous écoutera.

EM : Mais il demandera jusqu'où tu es prêt à aller… Tu es prêt à t'asseoir autour de la table pour commencer à négocier ?

VZ : Bien sûr, nous devons, bien sûr.

EM : Ok. Dès que j'ai un retour de ce côté, je le ferai. Et laisse-moi revenir vers toi pour voir ce qu'on peut faire. (…). C'est sûr, on a peu de marges de manœuvre vis-à-vis des Russes.

VZ : Ok, Emmanuel

EM : Ok Volodymyr. Fais attention à toi.

Cette conversation ne dure que quelques minutes mais il est crucial de garder en mémoire que, le 24 février 2022, le président ukrainien imagine encore possible de négocier l'arrêt des combats avec Poutine. Il semble y croire fermement. Comme on le sait désormais, ses espoirs de trêve ont vite été balayés. Le conflit a déjà fait des dizaines de milliers de morts, militaires comme civils. Étant « présumé responsable de crimes de guerre en Ukraine », Vladimir Poutine est à présent sous le coup d'un mandat d'arrêt de la Cour pénale internationale. Et cependant, le 21 mars 2024, au terme d'un scrutin largement falsifié, l'ancien officier du KGB au pouvoir depuis un quart de siècle est réélu président de la Russie, à l'âge de 71 ans. Le pire, quant à la poursuite de la guerre, est donc à craindre.

Le dialogue entre Emmanuel Macron et Volodymyr Zelensky a été filmé avec un caméscope par le journaliste Guy Lagache. C'est l'un des moments clés de son formidable documentaire *Un président, l'Europe et la guerre*, diffusé le 30 juin 2022 sur France Télévisions. Le réalisateur avait négocié avec l'Élysée de pouvoir suivre le chef de l'État entre janvier et juin 2022, durant les six mois où la présidence tournante du Conseil de l'Union européenne incombait à la France. Mais l'ancien présentateur de l'émission « Capital » sur M6 n'avait pas imaginé une seconde que l'actualité serait aussi funeste et que la guerre allait de nouveau frapper le sol européen. Paris lui a donné l'autorisation exceptionnelle de rendre public « de façon limitée » certaines conversations entre chefs d'État, en principe jamais divulguées, selon l'usage des relations internationales.

Ce brûlant contexte géopolitique s'est invité dans la campagne électorale des Européennes. « Avec les bruits de bottes et les missiles nucléaires russes en embuscade, Emmanuel Macron a trouvé un créneau pour défendre son credo d'une Europe puissante et autonome, capable de prendre en main sa défense », résume Jérôme Fourquet. Mais cette atmosphère anxiogène est-elle susceptible de contrecarrer le Rassemblement national (RN) qui caracole en tête des sondages avec plus de 30 % d'intentions de vote ?

Si les murs du Salon vert pouvaient parler, ils raconteraient les réunions consacrées à la stratégie adoptée pour éviter une « taule » – le terme est de plus en plus ouvertement utilisé – lors du scrutin du 9 juin, comme le craignent dans la presse plusieurs ténors de la majorité présidentielle.

Deux axes semblent engagés. Le premier vise à éviter que l'électorat macroniste ne se résume à son noyau de centre droit, plutôt aisé et âgé. L'inscription, le 4 mars 2024, de l'interruption volontaire de grossesse (IVG) dans la constitution, décision que la France est le premier pays au monde à avoir prise ; et l'annonce, six jours plus tard, d'un projet de loi prévoyant « une aide à mourir » sous « conditions strictes », furent ainsi les premiers signaux progressistes envoyés à l'électorat de centre gauche tenté par l'eurodéputé Raphaël Glucksmann, soutenu par le Parti socialiste. Fin mars, le gouvernement a même décidé d'expérimenter la semaine de quatre jours dans la fonction publique.

Moins tournée vers les questions sociétales, la seconde bataille menée consiste à discréditer le discours lisse du Rassemblement national incarné par une tête de liste aux allures de gendre idéal, Jordan Bardella, et par un slogan attrape-tout : « La France revient, l'Europe renaît ». Sur ce terrain, Emmanuel Macron et ses ministres ont décidé de pointer sans relâche les liens du RN avec le Kremlin, plaçant la guerre en Ukraine et la sécurité de l'Europe aux avant-postes de leur combat contre l'extrême droite. Celle-ci a facilement adhéré à cette stratégie du duel, ciblant en priorité le chef de l'État. « Emmanuel Macron est un président en état de siège, sifflé au Salon de l'agriculture, qui croit pouvoir trouver le salut politique dans des postures guerrières qui ont stupéfié les Français ! », décochait, le 3 mars dernier, Marine Le Pen lors d'un grand meeting du RN organisé à Marseille pour lancer la campagne européenne. Le ton est donné.

Le Salon vert n'a pas fini d'en voir ni d'en entendre.

REMERCIEMENTS

Nous tenons à exprimer notre gratitude à toutes celles et ceux qui ont accepté de nous recevoir et qui, par leurs témoignages, ont contribué à l'écriture de ce livre. Et à Juliette Joste qui a cru d'emblée à ce projet.

Enfin, un grand merci à Stéphanie Pierre et Vincent Nouvet, de la documentation du *Monde*, dont les recherches furent précieuses.

PLAN DE L'ÉLYSÉE, *rez-de-chaussée*

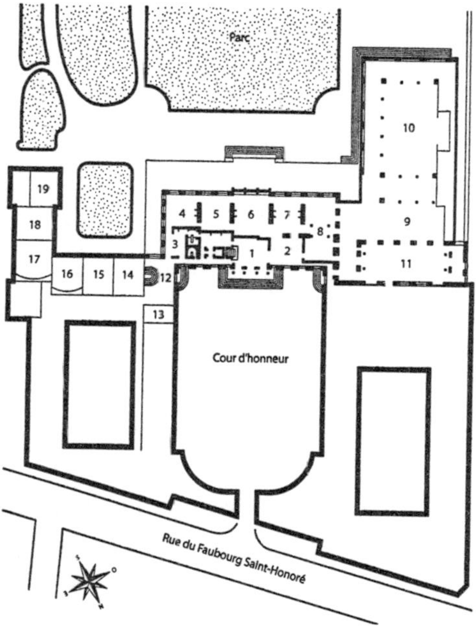

1. Vestibule d'honneur et escalier Murat
2. Salon des Tapisseries
3. Salon Cléopâtre
4. Salon des Portraits
5. Salon Pompadour
6. Salon des Ambassadeurs
7. Salon des Aides de camp
8. Salon Murat
9. Jardin d'hiver
10. Salle des fêtes
11. Salle à manger Napoléon III
12. Aile est, escalier conduisant au 1er étage et au PC souterrain Jupiter
13. Chapelle
14. Salon de la Cartographie
15. Salon des Tableaux
16. Bibliothèque Napoléon III
17. Salle à manger
18. Office
19. Salon d'Argent

premier étage

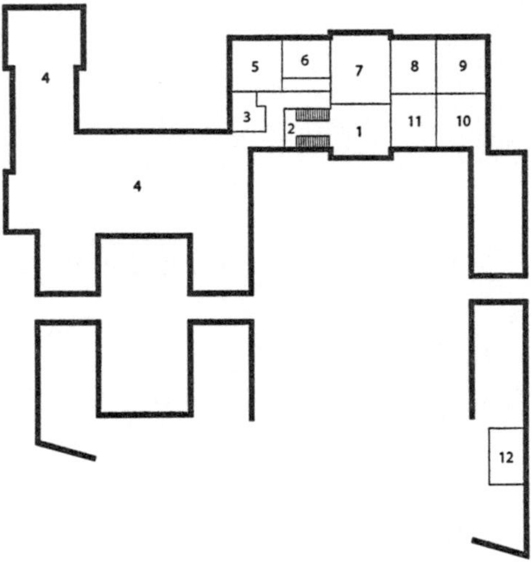

1. Vestibule
2. Escalier d'honneur
3. Bureau des collaborateurs du Président
4. Appartements privés du Président
5. Bureau des collaborateurs du Président
6. Secrétariat particulier
7. Salon doré, bureau du Président de la République
8. Salon vert
9. Bureau des collaborateurs du Président
10. Bureau des collaborateurs du Président
11. Antichambre
12. Aile ouest

TABLE

Cet ouvrage a été achevé d'imprimer sur Roto-Page
par l'Imprimerie Floch à Mayenne
pour le compte des éditions Grasset
en avril 2024.

Composition et mise en pages
Nord Compo à Villeneuve-d'Ascq

PAPIER CERTIFIÉ

N° d'édition : 23207 – N° d'impression : 104830
Dépôt légal : mai 2024
Imprimé en France